AF503129

NOTICE

SUR LE

COLLÈGE DE MENDE

(1556-1820)

PAR

CHARLES PORÉE

LICENCIÉ ÈS-LETTRES

ARCHIVISTE PALÉOGRAPHE

MENDE

IMPRIMERIE TYPOGRAPHIQUE AUGUSTE PRIVAT

5, Rue Basse, 5

—

1898

NOTICE

Collège de Mende

Le Collège des Arts
(20 novembre 1556–20 octobre 1666)

Le 11 septembre 1554, Pierre Atger, chanoine de
Mende, prieur de Saint-Martin-d'Inos et vicaire per-
pétuel de Saint-Étienne d'Aumont, membre d'une des
plus anciennes familles de Mende, fondait dans cette
ville, par une clause de son testament, le *collège des
Arts*. Les hérésies de Luther et de Calvin commençaient alors à ébranler la vieille foi catholique du Gévaudan et le clergé s'inquiétait des progrès qu'elles
menaçaient de faire encore. Pierre Atger jugea qu'il
était meilleur et plus facile d'empêcher leur extension,
en prenant contre elles des mesures préventives, que
d'avoir à les combattre une fois fortement établies. Il
révoqua donc un testament antérieur, par lequel il
avait fondé à Toulouse un collège pour les prêtres et
les écoliers gévaudanais qui iraient compléter leurs

études à l'Université de cette ville, et, préférant consacrer ses ressources au salut moral de ses compa-
triotes, il voulut faire du collège des arts un asile où
les « perverses et inicques sectes luthérianes » ne
devaient point pénétrer, une sorte de séminaire où les
jeunes esprits, « endoctrinés » dans les principes de
la pure orthodoxie, seraient prémunis pour toujours
contre le levain des mauvaises doctrines. A cet effet,
il plaça le collège sous le patronage de la « benoicte
Saincte Trinité et de la glorieuse Vierge Marie » et,
dans le programme des études, qu'il laissa aux futurs
régents le soin de fixer dans le détail, il multiplia les
exercices de piété : chaque matin, les écoliers devaient
assister, dans la chapelle qui serait érigée à l'intérieur
du collège, à une messe basse, où ils prieraient Dieu
« que luy plaize abolir les meschantes erreurs » ; le
samedi la messe serait célébrée en l'honneur de
« Nostre Dame, mère de Dieu », et un *Salve Regina*
serait chanté le soir ; chaque jour une lecture de' théologie serait faite à tous les écoliers réunis ; enfin les
régents ne devaient être choisis par les consuls et pré-
sentés à l'approbation de l'évêque qu'après une « dis-
pute », où ils témoigneraient de leur savoir et de leur
orthodoxie. Le fondateur laissait aux consuls à fixer
la rétribution que les élèves paieraient aux régents et
dont seraient exemptés seulement trois des enfants
de la ville, choisis parmi les plus pauvres et les mieux
doués(1) ; il léguait une rente de 100 livres pour l'en-

____

(1) L'ordonnance d'Orléans (1561), en établissant la gratuité
pour tous, devait, comme on verra plus loin, entraîner la disparition de cette clause.

tretien de trois régents et une autre de 10 livres pour
les honoraires du prêtre chargé de desservir la chapelle ; en prévision des épidémies qui désolaient si
fréquemment le pays, il décida qu'en cas de « maladies de peste, rampe, trousse-galant, fièvres ou autres
contagieuses maladies », le collège vaquerait et que
les revenus y affectés seraient alors gardés à la maison de ville, « en ung coffre bien seur », pour être
utilisés dans la suite(1).

Pierre Atger mourut dans le courant de l'année
suivante (1555), sans avoir vu l'établissement de son
collège. L'utilité pour la ville n'en était cependant
point méconnue par les consuls. Jusque-là en effet,
en dehors de l'école du chapitre, où étaient admis les
enfants de chœur destinés le plus souvent à la prêtrise,
il n'y avait eu à Mende que des *magistri scholarum*
qui ne pouvaient donner à leurs élèves qu'une instruction tout à fait élémentaire(2). Mais les difficultés matérielles avaient fait obstacle à la bonne volonté des
consuls. Le chanoine Atger, en même temps que le
collège des Arts, avait fondé un collège de prêtres,
le collège de la Trinité, qu'il avait doté des revenus
de son domaine d'Albuges, et il l'avait installé à
Mende, dans sa maison d'habitation(3). Cette maison
occupée et la maison de ville étant trop exiguë, l'achat
d'une maison particulière devenait nécessaire, mais

---

(1) Arch. départ. G. 1025 n° 1. Le testament de P. Atger a été
publié en partie par M. l'abbé Baldit, dans le *Bulletin de la Société d'agriculture... de la Lozère*, t. xi, année 1860, pp. 149 à 161.

(2) Arch. départ. G. 281 f° 102.

(3) *Ibid.* G. 2476.

constituait une dépense trop considérable pour les maigres finances de la ville. Par bonheur, l'œuvre reçut des encouragements. Les Etats particuliers du Gévaudan accordèrent 100 livres(1) et le premier consul, Michel de Lestaing, député vers l'évêque de Mende pour attirer sa bienveillance sur le collège, revint de Nérac, où Nicolas Dangu résidait alors auprès du roi de Navarre, avec une somme de 100 livres (2). Riches de ces 500 livres, les consuls négocièrent l'achat d'une maison du pan d'Aigues-Passes, adossée aux remparts à l'ouest et probablement située sur une partie de l'emplacement de l'hôpital actuel. Les frères Ferrier, qui en étaient propriétaires, en demandaient 860 livres. Le conseil de ville décida, le 13 janvier 1556, de louer la maison, d'y faire quelques réparations urgentes et de l'acheter ultérieurement, quand le complément du prix exigé serait trouvé (3. Des pourparlers furent engagés avec Jehan Joyenent, régent des écoles d'Issoire, afin de l'attirer à Mende(4); puis les consuls avisèrent aux moyens de se procurer les fonds nécessaires. Ils sollicitèrent et obtinrent du roi un dégrèvement de tailles, placèrent à intérêts les 500 livres dont ils disposaient, empruntèrent 120 livres à un marchand de Lyon (5) et les régents furent envoyés à Marvejols, lors de la tenue des Etats, afin

---

(1) Arch. départ. E. *Registre de Me Torrent*, f 310.
(2) Arch. commun. CC. 167.
(3) Arch. départ. E. *Reg. de Me Torrent*, f 310.
(4) Arch. commun. CC. 167 f. 18.
(5) Arch. départ. E. *Reg de Me Torrent*, f 312.

de solliciter de ceux-ci un nouveau secours(1) ; leur éloquence fut sans doute persuasive, car le 7 février de l'année suivante (1557), sous le consulat d'Antoine Pons, Jacques de Roquoles et Gailhard Nègre, la « maison des Ferriers » devenait la propriété de la ville(2).

Dès le milieu d'octobre 1556 on avait commencé à l'approprier à sa nouvelle destination. Selon la volonté de P. Atger, une pièce fut transformée en chapelle et l'on plaça une « cloche pour cloucher »(3) à l'ouverture des leçons ; les chambres furent blanchies, munies de bancs et de chaires ; les logements des régents — qui devaient vivre en commun dans le collège — furent aménagés, et l'on pava la ruelle boueuse qui donnait accès aux classes. Les travaux furent poussés si activement, les ouvriers travaillant matin et soir à la chandelle (4), que, le 20 novembre 1556, les trois régents Jehan Curius, Pierre Macier et François Rebuffi, pouvaient commencer leur cours. Leur installation fut solennelle : en présence d'un délégué de l'évèque et du conseil de ville assemblé, ils jurèrent,

---

(1) Arch. commun. CC. 167. « Plus avons paié pour la despance de Messieurs Curius et Macier, régans, à l'ostece du *Chical Blanc*, a Maruejolz, lorsqu'ilz vindrent orer aux Estats particuliers, II l. »

(2) Arch. départ. E. *Reg. de M' Torrent*, f° 252.

(3) Arch. commun. CC. 167. « Plus avons paié pour la corde de la campane a Jehan Pla jeune, III s. IIII d. »

(4) Arch. commun. CC. 167. « Plus audict Pla a esté payé pour une livre de chandelle qu'il a forni aulx ouvriers qui travalient audict colliege, pour velier le soer et le matin. »

la main sur les évangiles, qu'ils n'enseigneraient rien qui ne fût catholique et conforme aux « sainctz decretz et concilles généraulx » et ils s'engagèrent à ne lire aucun livre à leurs élèves, sans qu'il ait reçu au préalable l'approbation épiscopale(1).

Telles furent les humbles origines du collège de Mende. Son existence était précaire, car la rente de 100 livres léguée par Pierre Atger ne pouvait suffire à l'entretien des trois régents. Mais des circonstances favorables empêchèrent sa disparition. En 1561, l'ordonnance d'Orléans, renouvelant une décision des conciles de Latran et de Trente, décida qu'une prébende, dite *préceptoriale*, serait affectée dans chaque chapitre cathédral à l'entretien d'un régent, qui serait tenu d'instruire gratuitement les enfants de la ville. Cette ordonnance, en prescrivant la gratuité, privait le collège d'une des ressources que son fondateur avait prévues ; mais en retour, au lieu du produit aléatoire, souvent malaisément recouvrable, de la faible rétribution que les écoliers devaient acquitter, elle lui assurait un revenu fixe et certain. Le chapitre de Mende consentit en effet à verser annuellement aux régents une somme de 300 livres, à la condition qu'ils fissent une leçon spéciale, en dehors des heures d'office, aux enfants de chœur. De son côté le conseil de ville leur alloua une somme annuelle de 200 livres. Ces 600 livres de revenus fixes s'accrurent encore des rétributions perçues sur les écoliers étrangers à la ville(2),

____

(1) Arch. départ. E. *Reg. de M' Torrent*, f° 372. V. *infra* pièce justificative n° 1.

(2) L'ord. d'Orléans avait établi que la préceptoriale serait affectée à l'instruction des enfants des villes où existaient des

du produit des « collectes » auxquelles chaque écolier, qu'il fût de Mende ou « estrangier », devait verser une fois l'an, « entre les festes de Saincte Catherine (25 novembre) et de Saint Nicolas » (6 décembre), la petite somme de 20 deniers tournois. Enfin, il semble que les régents aient tiré quelque bénéfice d'un petit nombre de pensionnaires qu'ils admettaient à leur table et qu'ils logeaient chez eux[1].

Si, dès 1561, l'existence matérielle du collège était assurée, bien des causes devaient en empêcher le fonctionnement régulier. L'ouverture des classes était fixée au 18 octobre, à la Saint Luc ; mais combien de fois ne s'ouvrirent-elles pas ? Les épidémies interrompaient fréquemment les cours et les guerres religieuses augmentèrent le désarroi. En 1577 le collège vaqua toute l'année et les 300 livres, données habituellement aux régents par le chapitre, furent, non pas déposées dans le « coffre bien seur » qu'avait prévu Pierre Atger, mais employées aux réparations de la porte d'Angirand[2]. Deux ans après, Mende tombait une seconde fois aux mains des Protestants, et le collège,

---

chapitres cathédraux ; les « estrangiers », c'est-à-dire les écoliers qui n'habitaient point la ville où se trouvait le chapitre, étaient ainsi exclus du bénéfice de la gratuité.

(1) V. *infra*, pièce justif. n° 2, et le contrat de régence conclu en 1624 avec Jean Colanges, de Saint-Just en Auvergne. (Arch, départ. G. 1025 n° 3).

(2) Arch. départ. G. 1337 f° 177 v°. *Registre de comptabilité du Chapitre*. « Plus ay baillé a messieurs les consulz de la présente ville en tant moings des troys ... is livres que sont deues au colliege es artz, et pour ce que n' ... poinct de maistres régens audict colliege a esté employé à la réparation de la porte d'Angiran ; dont par ce ay payé à M. le juge cent livres. »

qui touchait aux murailles, fut une des premières
maisons saccagées ; écoliers et régents durent l'abandonner et bientôt après les ruines mêmes de l'ancienne maison des Ferriers disparaissaient[1]. Heureusement, le collège ne disparut pas avec elle. Les Protestants chassés de Mende et l'agitation religieuse un
peu calmée, les cours reprirent, en 1582, dans la
maison de la veuve du juge Achard, que la ville acheta
10 écus[2]. Le local était sans doute trop étroit, car
nous savons qu'en 1606 les classes se tenaient depuis longtemps dans les salles de la maison consulaire. A cette date, pour cause de réparations, les régents durent l'abandonner momentanément et allèrent
loger au pan de Claustre, d'abord dans la maison
d'une dame Pagès[3], puis dans celle du notaire
Torrent [4]. Vers 1610 ils revenaient définitivement à
l'hôtel de ville, qu'ils ne devaient plus quitter jusqu'à
la venue des Doctrinaires.

Ces déménagements successifs n'étaient point le
pire des maux dont souffrait le collège. Il était plutôt
dans la médiocre qualité et la difficulté de recrutement
de son personnel enseignant. Les régents, « maistres aulx artz », comme ils s'appelaient, semblent
avoir été des espèces d'aventuriers par nécessité,
plus farcis de latin que de scrupules, pauvres hères
qui, dans un exode continuel, parcouraient la France,
allant offrir leurs services de ville en ville. Il en passa

---

(1) Arch. commun. CC. 188.
(2) *Ibid.* CC. 180.
(3) *Ibid.* CC. 206.
(4) *Ibid.* CC. 205.

au collège qui venaient d'Auvergne(1), de Provence (2),
de Gascogne(3) et de Paris(4). Comment vérifier la moralité et le savoir de ces inconnus ? Beaucoup sans
doute laissaient fort à désirer, car le Chapitre les ex-
horta maintes fois à « faire mieux leur debvoir que
par le passé » et, en 1606, il limitait à une année la
durée des contrats de régence qui précédemment
avaient été signés pour trois ans(5). Au reste, soit
que leurs services fussent rarement appréciés, soit
que la vie en commun à laquelle ils étaient astreints
ne leur fût pas agréable, soit qu'enfin leur situation
leur parût trop précaire et trop difficile, obligés qu'ils
étaient de se soumettre à trois autorités souvent en
désaccord : l'évêque, le chapitre, et les consuls, les
régents restaient peu de temps à Mende et, leur contrat expiré, ils s'empressaient de déguerpir beaucoup
plus rapidement qu'ils n'étaient venus. C'était en effet
une des préoccupations des consuls que de trouver
des régents en temps opportun : en 1575 de longs
pourparlers avec un régent de Paris ne peuvent abou-
tir(6) ; en 1593 un messager est envoyé à trois reprises à Brioude, pour en ramener, presque malgré lui,
le régent Romieu(7) ; en 1602, un écolier de Provence

---

(1) Arch. départ. G. 1025 n° 3.

(2) Arch. commun. CC. 203.

(3) Arch. départ. E. *Reg. de M° Torrent.* (1568).

(4) Arch. commun. CC. 167.

(5) Arch. départ. G. 1073 f° 37 v°. *Registre des délibérations
du Chapitre.*

(6) Arch. commun. CC. 170.

(7) Arch. commun., GG. 87.

venu à Mende pour traiter de la régence, s'en retourne sans rien conclure, en laissant pour compte aux consuls les dépenses qu'il a faites à l'auberge(1) ; en 1611 un consul est envoyé vers le recteur du collège du Puy pour le prier de fournir deux régents capables(2). Souvent même on dut recourir, pour éviter la ruine du collège, à l'obligeance de prêtres ou de notables habitants de la ville, des médecins ou des notaires, qui consentaient à délaisser momentanément leurs malades ou leur étude pour prendre la férule. C'est ainsi qu'en 1603, Claude Gay, médecin(3) ; qu'en 1628, Jouvencel(4), aussi médecin, furent régents principaux du collège et que, de 1643 à 1646, les places des trois régents furent remplies par deux médecins, Baldit et Dumas, et un notaire, François Gay(5).

Ce fut pour remédier à tous ces inconvénients qu'en 1629 la régence fut confiée aux Carmes de Mende. Déjà, en 1620, ils s'étaient offerts pour la direction du collège ; mais le supérieur n'avait pu recruter dans son couvent des religieux assez instruits et le projet avait été abandonné. Neuf ans plus tard l'évêque Silvestre de Marcillac le reprit, « estimant que le collège seroit mieulx régi et gouverné par eulx qu'il n'avoit esté cy devant et qu'oultre l'institution aux bonnes lectres et aux meurs, esquelles les enfans

---

(1) Arch. commun. CC. 203.
(2) *Ibid.* CC. 212.
(3) *Ibid.* CC. 201.
(4) *Ibid.* CC 229.
(5) *Ibid.* CC. 244, 245, 246.

pourroient mieulx profiter avec eulx que soubz des régentz passaigers, ils seroient mieulx instruictz ez principes de la religion catholique, apostolique et romaine, par la lecture des catéchismes et autres exercices spirituelz ». Les consuls se rangèrent à l'avis de l'évêque et, le 26 décembre 1629, le contrat de régence était passé avec les Carmes. Moyennant les 600 livres dont jouissaient précédemment les régents, ils s'engageaient à tenir trois classes, correspondant aux classes de troisième, quatrième et cinquième des collèges de Jésuites. L'évêque promettait en outre d'unir au collège, quand il s'en présenterait de vacants, deux bénéfices d'une valeur totale de 600 livres, avec lesquelles les Carmes entretiendraient trois autres régents, capables d'enseigner la rhétorique et telles autres « facultez » qui seraient fixées ultérieurement (1).

Des difficultés, — d'un autre ordre que celles qu'on avait voulu éviter en donnant la direction du collège aux Carmes, — ne tardèrent pas à éclater. Le Chapitre, en accordant en 1561 les 300 livres de subvention aux régents, avait exigé, nous l'avons vu, que l'un d'eux vînt faire la classe aux enfants de chœur. Les Carmes se refusèrent à reconnaître cette obligation, qui n'était point stipulée dans leur contrat. Le Chapitre retint alors, sur les 300 livres qu'il devait leur verser, la somme de 12 écus, qu'il donnait autrefois au maître des enfants de chœur. Les Carmes, soutenus par les consuls et l'évêque, engagèrent un procès et le P. Séraphique Dubois, dans un sermon

____

(1) Arch. départ G. 1025 n° 4 ; V. *infra*, pièce justificat, n° 3.

qu'il fit au couvent le 17 janvier 1631, tint à l'égard des chanoines des « discours scandaleux et diffamatoires »(1). Le Chapitre y riposta par la publication d'un monitoire(2) et, en manière de représailles contre les consuls, il décida d'obliger les habitants de Mende à reconnaître les fiefs qu'ils tenaient du Chapitre et pour lesquels, depuis longtemps, les censives n'avaient point été payées(3). Dès lors un accord devenait difficile. Il se conclut cependant par l'abandon que fit le Chapitre de ses prétentions(4). Il n'eût pas été si conciliant s'il n'avait deviné, derrière les Carmes, l'appui de l'évêque. Il était entré en lutte ouverte contre Mgr de Marcillac dès le commencement de son épiscopat et, de guerre lasse, était disposé maintenant à lui faire des ouvertures de paix. Mais l'évêque, par son caractère autoritaire, continua de mécontenter le Chapitre, et quand, en 1640, l'enseignement des Carmes n'ayant pas tenu ce qu'il promettait, Mgr de Marcillac proposa l'établissement des Doctrinaires au collège, il se heurta à une résistance obstinée du Chapitre, soit que les chanoines eussent pris le parti de lui faire échec en toute occasion, soit qu'ils fussent animés de cette antipathie sourde des séculiers contre les réguliers, dont ils pouvaient craindre la prédominance dans le diocèse(5). A ce refus, l'évêque répondit par une taquinerie : le Chapitre ayant décidé, à la mort du

---

(1) Arch. départ. G. 1076 f° 39, 41, 43 v°.
(2) *Ibid*. G. 1338 (février 1631).
(3) *Ibid*. G. 1076 f° 41.
(4) *Ibid*. G. 1076 f° 65.
(5) *Ibid*. G. 1076 f° 147.

chanoine Enfruc, d'abandonner sa prébende à la ville
au lieu de servir chaque année aux consuls les 300
livres qui tenaient lieu de préceptoriale, Mgr de Marcillac exigea que la prébende fut conférée à son archi-
diacre, Pierre Esparbier[1].

Les Carmes exclus et les Doctrinaires non agréés,
les régents étaient revenus en 1640. Néanmoins, si
les Doctrinaires ne régissent pas officiellement le collège, leur influence s'y fait prépondérante et, à partir
de 1650, les régents principaux Raoulz, Cabanettes
et Sibourg[2] sont des membres de leur compagnie.
C'était un acheminement vers leur établissement définitif et vers la main-mise entière de l'évêque sur le
collège. Au surplus, le collège ne pouvait que tirer
avantage d'être placé sous une direction unique ; il
échappait ainsi aux influences trop souvent contraires
de l'évêque, du chapitre et des consuls, dont les désaccords entrainaient parfois des scandales comme
celui qui éclata, en 1658, le jour de la rentrée des classes. Ce jour-là le régent Sadoul, nommé par l'évêque,
se vit expulsé de sa classe par le troisième consul,
Arnal Lafont, qui installa à sa place un régent de son
choix, le sieur Bruel. L'incident était fâcheux et, pour
les élèves, d'un exemple déplorable. Ce fut le dernier.
Le collège des arts, vieux de plus d'un siècle, n'avait
plus que quelques années à vivre.

---

(1) Arch. départ. G. 1076 f° 181 v°, 183, 189, 353.

(2) *Ibid.* G. 2527 et 1339.

(3) *Ibid.* G. 1076 f° 603 v°, 635 v°, 670.

CHAPITRE II

Le Collège des Doctrinaires
(20 octobre 1666--août 1792)

Monseigneur de Marcillac n'avait pu réaliser la promesse, faite aux Carmes en 1629, d'accroître de 600 livres la dotation du collège. Son successeur, Mgr de Serroni, fut plus heureux. Aux Etats de Languedoc de 1663, il représentait à l'assemblée qu' « il étoit très important pour l'instruction de la jeunesse de son diocèse d'augmenter les classes du collège de Mende et il sollicitait l'autorisation d'imposer 600 livres dans ce but(1). L'autorisation fut accordée sans que nous sachions qu'un changement soit survenu immédiatement dans la situation du collège. L'évêque attendait. Il se proposait en effet de donner encore plus d'extension à son projet et, désireux de « rétablir selon son pouvoir la discipline ecclésiastique, fort altérée par l'ignorance des prêtres et la licence des guerres civiles », voulait adjoindre au collège un séminaire. Le 20 octobre 1666, il obtenait des lettres-patentes autorisant l'érection à Mende d'un « collège et séminaire » et, l'année suivante, le P. Esprit Sibourg traitait, au nom des Doctrinaires, avec

---

(1) Arch. départ. C. 532 p. 689.

Mgr de Serroni, les bailes du Chapitre Silvestre Buisson et Pierre Vaissade, les consuls David, Pitot et Montjezieu, des conditions auxquelles sa compagnie devait prendre la direction du nouvel établissement[1]. Le collège et le séminaire étaient placés sous un même supérieur. Des 2400 livres affectées à l'établissement tout entier, 1200 livres revenaient au collège, sur lesquelles 300 livres étaient fournies comme autrefois par le Chapitre et 300 livres par les consuls[2] ; les 500 livres de reste provenaient de l'imposition sur le diocèse autorisée par les Etats de Languedoc. Les Doctrinaires devaient fournir « depuis les basses classes, excepté la petite classe où l'on apprend aux enfans a lire et escrire, jusqu'a la philosophie inclusivement », tous les régents nécessaires pour « instruire la jeunesse tant aux bonnes mœurs qu'aux principes de la foi chrétienne et aux bonnes lettres » ; ils devaient en outre « envoyer une fois le jour un de leurs régens a la maistrise pour faire la leçon aux enfans de chœur ».

La maison de ville n'était plus assez vaste pour abriter écoliers et séminaristes. Provisoirement les Doctrinaires furent logés au collège de Toussaint[3],

---

(1) Arch. départ. G. 1026. Ce contrat a été publié par M. l'abbé Baldit, dans le *Bulletin de la Société d'agriculture... de la Lozère*, t. x, année 1859, pp. 237 à 243.

(2) Dans ces 300 livres étaient comprises les 100 livres léguées par P. Atger et fournies par le collège de la Trinité. L'absence du patron de ce collège à la passation du contrat entraîna plus tard, comme on verra, des difficultés.

(3) Le collège de Toussaint était situé dans la rue Notre-Dame actuelle ; la fontaine Notre-Dame y était adossée. V. André : *Notice historique sur la ville de Mende*, p. 135.

en attendant la construction d'un collège, pour laquelle les consuls avaient promis de fournir un emplacement de 350 dextres, quittes de toutes tailles. Cet emplacement, d'abord choisi dans un faubourg de la ville, fut définitivement fixé en deçà et près des remparts, face à Chaldecoste. Une imposition annuelle de 1800 livres fut prélevée, les Etats particuliers du Gévaudan accordèrent une subvention de 2000 livres et les travaux, confiés à deux entrepreneurs de Mende, les frères Jean et Pierre Delort(1), commencèrent aussitôt. Mais, une fois l'édifice achevé, les consuls s'émurent : on avait démoli les remparts entre les tours de Fresquet et de Groussi et leurs débris avaient servi à construire le bâtiment ; le collège constituait ainsi, sur une longueur de 45 cannes, une trouée dans la ceinture des murailles par où, en cas de siège, l'ennemi eût pu facilement pénétrer(2). Les consuls protestèrent contre l'autorisation donnée par leurs prédécesseurs d'abattre les murs et, en 1688, ils exigèrent des Doctrinaires la reconstruction d'une enceinte, rattachée aux remparts par deux tours semblables à celles qui avaient été abattues. Un procès fut engagé, que paraissent avoir gagné les consuls, car en 1690 Mgr de Piencourt adressait de Paris à son vicaire les instructions suivantes(3) : « Si l'on juge la muraille suffisamment haulte pour la deffence, et cela doit être au-delà puisqu'elle est de la hauteur de celle de la ville, on doit laisser faire aux ouvriers le parapet

____

(1) Arch. départ. G. 1026.
(2) *Ibid.* G. 1028.
(3) *Ibid.* G. 1026.

en forme de créneaux ; tout le monde en estoit convenu avec moi pour donner plus de jour au séminaire et pour la beauté de la muraille ». Cette dernière préoccupation de l'évêque s'explique. Le collège était en effet, selon les paroles du P. Louvreleul, « un des ornemens de la ville qui excitoit la curiosité des étrangers »(1). Un incendie faillit le détruire en 1686(2). Mais par bonheur il fut arrêté à temps et, sauf la disparition de la muraille reconstruite par Mgr de Piencourt, qui fut abattue avec le reste des remparts à la fin du xviii⁰ siècle, le vieux collège demeure encore aujourd'hui à peu près tel qu'il était autrefois.

Le collège des arts avait été « comme éclipsé, absorbé et anéanti dans l'establissement » du nouveau collège. Les collégiats de la Trinité, qui participaient autrefois avec les consuls et le chapitre à la nomination des régents, n'avaient même point été consultés lors de la venue des Doctrinaires. Cependant, sur les 300 livres que la ville versait aux Pères, ils continuaient à fournir les 100 livres léguées par Pierre Atger. Or la valeur des deux prés, sur le revenu desquels ces 100 livres étaient prélevées, avait considérablement diminué ; des inondations emportaient souvent les récoltes, et les prés, non clôturés, dégradés par des chemins de traverse, s'arrentaient difficilement 250 livres. Sur cette somme les collégiats devaient acquitter les tailles, les censives et les frais d'entretien d'un

____

(1) Arch. commun. GG. 87 n° 4. Supplique du P. Louvreleul aux consuls de Mende à l'effet d'être autorisé à abaisser le parapet de la muraille.

(2) *Ibid.* BB. 7.

garde ; « le bois est tellement cher dans la ville de Mende, dit un mémoire de leur syndic, que s'il n'y avait pas un garde-pred pour deffendre le bois et le foin, on n'y laisseroit pas ce qui s'appelle un brin d'herbe ny une busche de bois ». Aussi, en 1686, les collégiats, se fondant sur le testament même de Pierre Atger, qui stipulait qu'au cas où les prés seraient détériorés les réparations se feraient à frais communs, au prorata des revenus que chacun de ses collèges en tirerait, refusèrent de payer les 100 livres, si les consuls ne consentaient à partager les charges. Les consuls se rejetèrent sur les Doctrinaires, comme substitués à l'ancien collège des arts ; les Doctrinaires de leur côté firent valoir que les 300 livres qu'ils tenaient de la ville leur avaient été assurées quittes de toutes charges. Un long procès s'ensuivit, qui menaçait de s'éterniser. Mgr de Piencourt intervint : le 15 novembre 1692 il convoqua au palais épiscopal les parties intéressées avec les principaux habitants de la ville et l'assemblée décida de recourir à l'arbitrage de deux avocats de Toulouse. Par une transaction du 7 novembre 1693 la contribution du collège de la Trinité fut réduite de 100 à 90 livres et les consuls s'engagèrent à fournir le reste aux Doctrinaires(1).

Le collège n'avait point souffert de ce long procès et sa prospérité matérielle semblait assurée. Entièrement sous la main de l'évêque, il n'était plus exposé aux heurts qui autrefois menaçaient si souvent de disloquer le collège des arts ; le recrutement du personnel était facile, sa moralité et sa science incontestées

----

(1) Arch. départ. G. 1028, 2552 et 2553.

et les évêques devaient s'intéresser davantage à ce qui
était leur œuvre propre. Mgr de Serroni avait uni au
séminaire en 1673 le prieuré de St-Germain-de-Calberte et, en 1676, celui de Chadenet(1). Mgr de Piencourt continua aux Pères la bienveillance de son pré-
décesseur. Dans une épître, un peu semblable aux
dédicaces dont les poètes faméliques payaient alors
les pensions qu'ils recevaient des grands seigneurs,
les Doctrinaires louaient chez lui « cet air doux et
majestueux qui donne de la confiance sans diminuer
le respect et gagne le cœur sans contraindre l'esprit,
cette sagesse sans sévérité, ce zèle sans indiscrétion,
cette activité sans ambarras, cette douceur sans bas-
sesse et cette science sans ostentation, en un mot cette
raison droite et éclairée, ce génie noble et élevé qui,
le rendant encore plus recommandable par son mérite
que par sa naissance, relevaient la gloire de ses ancê-
tres par l'éclat de ses vertus »(2). Ces éloges, bien
que leur ton fut dans le goût du temps, étaient peut-
être intéressés. Les Doctrinaires élevèrent en effet
chez eux le neveu de l'évêque, le jeune marquis
d'Aché(3), que Mgr de Piencourt destinait aux ordres
et profitèrent maintes fois des largesses de ce prélat
généreux(4),qui dota la ville de Mende de promenades,

---

(1) Arch. départ. G. 1027 et *Bulletin de la Société d'agriculture de la Lozère*, t. x, année 1859, p. 245.

(2) *Ibid.* G. 1029. V. *infra* pièce justificative n° 4.

(3) *Ibid.* G. 667, 668, etc.

(4) En 1685, les Doctrinaires reçoivent 500 livres comme don
gracieux (Arch. départ. G. 667 f° 178), en 1692, 350 livres pour
les réparations du collège *(Ibid.* G. 3105) ; chaque année une

d'écoles(1) et d'un hôpital(2). Plus tard ils recevaient la bibliothèque de Mgr de Choiseul(3). Ainsi comblés de la faveur des évèques, les Pères se partageaient en outre, avec les Capucins, les Cordeliers et les Carmes, les bénéfices des prédications à la cathédrale de Mende et à la chapelle du château de Chanac. Néanmoins ils se plaignaient de l'insuffisance de leurs revenus. Un mémoire de 1721 nous apprend que le paiement des tailles et des censives, l'entretien de la maison, de la sacristie et de deux domestiques, l'achat de livres scolaires, les frais de déplacement des régents, réduisaient les 2505 livres de revenus bruts du collège à 1620 livres, sur lesquelles sept régents devaient subsister(4).

L'expulsion des Jésuites en 1764 parut devoir améliorer cette situation. Les Jésuites avaient la direction du collège de Rodez auquel ils avaient fait unir en 1576, par une bulle de Grégoire XIII, les revenus du prieuré du Monastier en Gévaudan. Mgr de Choiseul crut l'occasion favorable de faire révoquer, au profit des Doctrinaires, cette union faite autrefois au préjudice et sans le consentement de l'évèque de Mende. Il fit agir dans ce sens les influences dont il disposait : son neveu, le cardinal de Choiseul, s'entremit à la

---

pension supplémentaire de 300 livres leur est servie pour l'entretien du professeur de théologie (*Ibid.* G. 3105, etc.) ; Mgr de Piencourt leur lègue à sa mort un capital de 24000 l., à charge d'entretenir quatre pauvres clers du diocèse (*Ibid.* G. 1027).

(1) Arch. départ. G. 1031.
(2) *Ibid.* G. 45.
(3) *Ibid.* G. 45 et 49.
(4) *Ibid.* G. 1028.

cour pour obtenir cette révocation, et lui-même écrivit au procureur général du Parlement de Toulouse, pour le prier de consentir à l'enregistrement des lettres patentes qui l'autoriseraient. « Outre les Pères nécessaires au Séminaire, écrivait-il, il y a au collège de Mende un régent pour chacune des basses classes depuis la cinquième, un pour les humanités, un professeur de rhétorique et un préfet pour veiller sur les études qui se font très bien dans chacune de ces classes. Les médiocres revenus dont cette maison jouit, qui suffisent à peine à la subsistance de ceux qui la composent, n'ont pas permis d'y avoir jusqu'à présent des professeurs pour les leçons publiques de théologie et il n'y a qu'un professeur de philosophie dont le cours ne se renouvelle que de deux en deux ans, de sorte qu'il s'y trouve une année d'interruption, ce qui oblige les jeunes gens qui ont fait alors la rhétorique d'aller étudier en philosophie à Toulouse, à Montpellier, ou dans quelque autre ville où il y a une université... L'inutilité du collège de Rhodez pour ce diocèse, l'état de ses revenus(1) qui excèdent de beaucoup ceux qui seraient nécessaires à la dotation du nouveau collège qu'on pourra y établir, et les besoins de celuy de Mende et du pays en général semblent autoriser à recourir aux bontés de Sa Majesté et à la supplier de permettre que les revenus de l'ancien prieuré du Monaster(2), dont les Jésuites viennent d'être dépouillés, soyent unis à la communauté des Pères de la Doctrine Chrétienne de la ville de Mende(3) ». Mgr de Choiseul

----

(1) Ils étaient de 30000 livres.
(2) Ils étaient de 12000 livres.
(3) Arch. départ. H. 136.

proposait, au cas où l'union ne se ferait point, que le collège de Rodez servît une pension de 7000 livres à celui de Mende ; sur ces 7000 livres on entretiendrait « deux professeurs de théologie pour les leçons publiques, un second professeur de philosophie, un régent pour les premiers principes de la latinité et un régent surnuméraire pour suppléer au défaut de ceux qui seraient attaqués de maladie » ; on pourrait même, avec le surplus, établir auprès du collège une institution semblable à celle de l'Union Chrétienne(1), où les fils des nouveaux convertis des Cévennes seraient élevés gratuitement, affermis dans les principes de la religion catholique et instruits dans la pratique d'un métier manuel. Le projet était séduisant et l'évêque put espérer un instant qu'il aboutirait. « Je crois pouvoir vous répondre, lui écrivait le procureur général du Parlement de Toulouse, de l'empressement et du plaisir qu'aura le Parlement d'enregistrer les lettres-patentes d'union du bénéfice que vous demandès, si vous l'obtenés, comme je n'en doute point(2) ». Malgré ces assurances l'attente de Mgr de Choiseul fut à demi trompée. Des lettres-patentes du 19 janvier 1765(3) maintenaient l'union au collège de Rodez du prieuré du Monastier (art. 8) ; le collège de Mende ne devait toucher sur les revenus du prieuré qu'une rente de 3000 livres, et après un délai de trente années (art. 11).

---

(1) Arch. départ. H. 376 à 400. V. dans *Bul. de la Soc. d'Agric. de la Lozère*, t. xvi, année 1865, pp. 595 sqq. : F. André, *Notice sur Mlle de Lescure, fondatrice du couvent de l'Union chrétienne.*

(2) *Ibid.* H. 137.

(3) *Ibid.* H. 136.

La situation se retrouvait donc la même. Mgr de Choiseul sollicita l'autorisation d'imposer sur le diocèse une somme de 1200 livres, en attendant la jouissance des 3000 livres. Cette autorisation fut accordée par arrêt du Conseil d'Etat du 14 février 1768(1); mais il semble que peu après, les charges du diocèse devenant accablantes, l'imposition cessa d'être perçue. On tenta alors d'exiger des élèves une contribution annuelle de 6 livres qui, malgré sa modicité, ne put être recouvrée; on supprima le préfet des études; puis, ces expédients ne suffisant pas, on réclama au Chapitre la prébende préceptoriale, au lieu des 300 livres qu'il versait annuellement(2). Le 2 janvier 1776, le maire de Mende, M. de la Blachère, fut délégué pour s'entendre à ce sujet avec les chanoines. Le Chapitre agréa la proposition et, le 28 mars suivant, les consuls répartissaient entre les écoles de la ville le produit de la préceptoriale : un douzième de la prébende serait réservé au chapitre pour l'entretien du maitre des enfants de chœur, 680 livres seraient accordées aux frères des écoles et le surplus reviendrait au collège(3). C'était vendre la peau de l'ours. L'évêque obtint bien en effet des lettres-patentes autorisant l'extinction du premier canonicat vacant par mort, il promulgua même à l'avance un décret d'union au profit du collège; mais quand, à la mort du chanoine de Rouville, en 1777, les consuls réclamèrent sa prébende, ils se heurtèrent aux prétentions d'un sieur Bonhomme,

---

(1) Arch. départ. C. 532 p. 705.
(2) Arch. commun. BB. 13, f° 281, 286.
(3) *Ibid*. GG. 87 n° 19 et BB. 13 f° 288.

brévetaire de joyeux avénement. On vit alors les consuls et le brévetaire se disputer une même chose, sur laquelle chacun d'eux croyait avoir des droits certains, que la loi attribuait aux uns, mais dont la royauté besogneuse avait moyennant finances disposé en faveur de l'autre. Les avocats des consuls eurent beau déclarer que « l'union emportait la suppression », que par suite Bonhomme exigeait une chose impossible en réclamant un bénéfice qui, en vertu du décret d'union légalement pris par l'évêque, n'existait plus ; ils rappelèrent en vain que pareille union avait été faite récemment au séminaire d'Aix, malgré les réclamations d'un indultaire dont les droits étaient cependant supérieurs à ceux de Bonhomme, le brevet de joyeux avènement ne renfermant pas comme l'indult « un décret irritant qui annule les prévisions faites par l'ordinaire au préjudice et depuis la signification de l'indult »(1) ; en dépit de la clause formelle de l'ordonnance d'Orléans, en dépit de l'intérêt public, les consuls perdirent leur procès.

Les conséquences de l'arrêt du Grand Conseil se firent bientôt sentir. En 1787 la régence de cinquième fut supprimée. Cette mesure produisit dans Mende une impression fâcheuse. Les consuls, par leurs instances auprès du recteur du collège(2), tentèrent de la faire annuler ; ils s'adressèrent à l'archevêque de Toulouse pour obtenir la jouissance anticipée des 3000 livres qu'en vertu des lettres-patentes de 1765 ils devaient seulement toucher huit ans plus tard.

---

(1) Arch. commun. GG. 87 n° 14.
(2) *Ibid*. BB. 14.

Mais leurs démarches furent vaines et, le 26 novembre 1787, une lettre du P. Brouilhony, visiteur de la Doctrine Chrétienne, confirmait la mesure prise. « Je n'ignore pas, écrivait-il, la sensation que fait dans Mende la suppression du régent de cinquième. Cette sensation, je l'avais prévue, et ce n'est qu'à regret que je me suis déterminé à diminuer le nombre des professeurs. J'ay reconnu, le tableau des revenus du collège sous les yeux, qu'il n'étoit pas possible que neuf Doctrinaires et un domestique pussent vivre avec quatre mille livres(1)... La nécessité seule a pu m'engager à faire ce qui vous a peut-être déplu. Mais pouvais-je me dispenser d'être sensible à l'état de détresse dans lequel j'ai vu mes confrères ? » Cette détresse ne fit du reste qu'augmenter. En 1790 chaque Doctrinaire n'avait plus que 13 sols par jour pour sa subsistance. « Vôyés, Messieurs, écrivait le recteur Brieu à la municipalité, si notre situation est triste et alarmante et, si elle vous parait telle, quelle affligeante réflexion ne s'offre pas ici ? Faut-il que des hommes honnêtes, uniquement voués à de pénibles travaux dont vous recueillés tout le fruit, se trouvent réduits à éprouver de cruelles inquiétudes pour leur propre subsistance ?... Si les ressources que nous sommes en droit d'attendre de votre équité nous manquent, nous n'en voyons pas d'autre que dans la suppression d'une partie des professeurs qui composent le collège. Ce parti, nous en convenons, paroit désespéré et, s'il

---

(1) *Ibid*. GG. 87 n° 10. Ces 4000 l. constituaient les revenus du collège et du séminaire ; ceux du collège n'étaient que de 2505 l.

est inévitable, nous laissons à votre sagesse et à votre prudence d'en porter le jugement »(1).

Les évènements allaient bientôt, en entraînant la disparition du collège, délivrer la municipalité de ce souci. Alors que l'évêque et le Chapitre de Mende, imités bientôt par la presque totalité du clergé lozérien, avaient, au début de 1791, refusé de prêter le serment civique, les Doctrinaires, « connus déjà depuis l'aurore de la liberté par un patriotisme brûlant », entraînés par le professeur de philosophie, Guérin, prêtèrent le serment. Cet acte jeta tout de suite le discrédit sur le collège. Les élèves, à l'instigation de leurs parents, refusèrent de suivre les cours des professeurs assermentés et des désordres s'ensuivirent, que le professeur Guérin essaya vainement d'arrêter, en déclarant que le « serment était visiblement borné aux objets qui sont du ressort de la puissance temporelle »(2); Guérin fut obligé de prendre la fuite(3); ses

(1) Arch. commun. GG. 87.

(2) *Ibid.* GG. 87. V. *infra.* pièce justif. n° 7.

(3) *Ibid.* GG. 87. Lettre du citoyen A. Guérin « instituteur national pour les mathématiques au collège de Nimes » (3 novembre 1792). « Citoyens magistrats. Plusieurs d'entre vous se rappellent peut-être qu'en 1791 les jeunes professeurs de votre collège, connus déjà depuis l'aurore de la liberté par un patriotisme brûlant, mirent, en se soumettant à la loi du serment, le comble à la haine et à la fureur des méchants, tout-puissants alors dans vos contrées. Quelqu'un n'aura pas oublié sans doute que le plus ancien de ces professeurs fut maltraité dans sa personne au milieu de ses fonctions, que la sauvegarde de la loi lui fut refusée par des autorités gangrenées et qu'il fut obligé de se soustraire par la fuite à de nouveaux attentats. Ce professeur, citoyens magistrats, ce fut moi. J'étais accusé d'avoir entraîné mes

collègues compromis firent de même ; les cours furent suspendus et ne reprirent, en octobre 1791, que pour peu de temps. Quelques mois après en effet l'ordre des Doctrinaires était supprimé ; les régents se dispersèrent ; les uns restèrent quelque temps à Mende comme instituteurs particuliers(1) ou allèrent enseigner dans les villes voisines ; d'autres s'enrôlèrent dans des bataillons de volontaires. Le recteur du collège, Brieu, demeura comme supérieur du séminaire où l'année suivante, son attachement à la Constitution le désigna aux représailles de l'insurgé royaliste Charrier ; « emmené prisonnier à la suite de ses satellites, il fut criblé de coups de baïonnettes et de sabre, et tous ses effets, renfermés dans trois malles, furent pillés avec son argent »(2). Avec lui disparaissait le dernier représentant à Mende de l'ancien collège des Doctrinaires.

Quel enseignement recevait-on au collège ? Au temps du collège des Arts les études étaient élémen-

---

confrères au serment et ce reproche était trop honorable pour un vrai patriote pour que je cherchasse à me disculper », etc.

(1) V. aux arch. départ, série L., une lettre de Randon, ci-devant Doctrinaire, du 21 germinal an IX, dans laquelle il sollicite une place à l'Ecole centrale. A l'appui de sa demande il fait valoir qu'il a été autrefois professeur au collège de Mende « J'ay, ajoute-t-il, été jugé digne, après notre suppression, de continuer à Mende mes fonctions, que je n'ai quittées que quand le papier-monnaie, absolument discrédité, m'a ôté tout moyen de m'y maintenir ».

(2) F. André, *Délibérations de l'Administration départementale de la Lozère et de son Directoire (1790-1800)*, publiées par la *Société d'agriculture*, etc., tome III, p. 195.

taires, les cours correspondant aux classes de 5ᵉ, 4ᵉ et 3ᵉ des Jésuites. Avec les Doctrinaires elles devinrent complètes ; il y eut une classe d'humanités, une classe de rhétorique et une classe de philosophie, dont les cours duraient deux ans. L'enseignement était très différent de l'enseignement actuel où l'étude du latin n'est plus exclusive, où elle se partage avec les études scientifiques et historiques, où même elle menace d'être bannie définitivement au profit des littératures étrangères modernes. Après l'érection du collège de Pierre Atger, un maître d'école continua de demeurer à Mende, au moins jusqu'à l'établissement des frères des écoles chrétiennes par Mgr de Piencourt, en 1707 ; il enseignait la lecture, l'écriture, les premières notions de calcul. Sortis de ses mains, les écoliers passaient au collège où ils commençaient à bégayer le latin, à pâlir sur le rudiment, à recevoir cette instruction dont le nom pédantesque du premier régent, Jehan Curius, paraît être un vivant symbole. Le latin et le grec constituent en effet, avec l'instruction religieuse, le fonds de l'enseignement ; comme chez les Jésuites, on parle latin au collège. Mais s'ils jonglent avec spondées et dactyles, s'ils écrivent sans *gradus*, en alliant Horace à Virgile, une centaine de vers latins plus vite qu'une page de français, s'ils acquièrent, à l'occasion des textes expliqués, quelques notions d'une mythologie expurgée et d'histoire ancienne, les écoliers ignorent tout de l'histoire nationale. En rhétorique ils reçoivent un enseignement purement artificiel, s'exercent à discerner la catachrèse de la métonymie, et la syllepse de l'hypallage, mais n'apprennent rien de la littérature de la France : aux chefs-d'œuvre de nos

grands tragiques du xvii° siècle les Doctrinaires subs-
tituent, comme modèles de perfection littéraire, leurs
œuvres propres, des pièces composées par eux *ad
usum scholarum*, sortes de berquinades d'où l'amour,
selon les préceptes de Fénelon, est soigneusement
banni, où la vertu est toujours récompensée, le vice
toujours puni. La philosophie se borne au commen-
taire de quelques traités d'Aristote et se confond
presque avec la théologie ; le cartésianisme, à plus
forte raison l'empirisme de Locke, sont des doctrines
réprouvées, dont les Pères, prudemment, ne révèlent
même pas l'existence. Les sciences, la géographie,
sont choses inconnues. Bref, les élèves quittent le collège la mémoire beaucoup mieux exercée que la réflexion.

Les cours s'ouvraient chaque année le 18 octobre, à
la Saint Luc et se terminaient vers le milieu d'août ;
les classes commençaient de bon matin, à 7 heures
ou 7 heures 1/2, selon la saison, annoncées au son
de la cloche. L'internat qui semble avoir été pratiqué,
d'ailleurs d'une façon restreinte et non continue, par
les régents du collège des arts, chez qui les écoliers
de Mende avaient le choix « des lieulx plus commodes
pour mectre leurs lietz », n'existait pas au temps des
Doctrinaires. Les écoliers étrangers à Mende ou au
diocèse devaient prendre pension chez des amis ou
des personnes dont l'industrie consistait à fournir aux
écoliers le vivre et le couvert(1). Livrés ainsi, hors du

____

(1) Cet usage existe encore, à notre connaissance en Nor-
mandie, où des personnes tiennent *camérie ;* elles fournissent à
une dizaine d'élèves, externes, le logement et la nourriture.

collège, à eux-mêmes, les élèves se laissaient aller parfois à des excès regrettables. Le matin du 26 juin 1778, on apprit avec étonnement dans Mende que le jardin des Cordeliers avait été saccagé dans la nuit ; des malfaiteurs, s'aidant d'une poutre, avaient escaladé la muraille, arraché les fleurs, ravi les fruits, coupé les arbres, brisé à coups de pierre les vitres du couvent. Une enquête, faite par les officiers du chapitre et de l'évêché, n'ayant pas abouti, le procureur du Parlement de Toulouse fit publier un monitoire pour enjoindre aux fidèles, sous peine d'excommunication, de dénoncer les coupables. On sut alors que c'étaient les écoliers du collège qui, le soir d'une représentation théâtrale, après un dîner trop copieux, avaient joué aux moines ce mauvais tour. Le fils d'un avocat de Mende, M. Laurens, celui du bailli de l'évêque, M. de Bellesagne, étaient compromis dans l'affaire. Le vicaire général, Vital d'Angles, s'entremit pour l'étouffer et le Père gardien des Cordeliers renonça aux poursuites moyennant une indemnité de 106 livres[1]. Les écoliers, souvent très âgés, étaient, on le voit, difficiles à conduire. Aussi la discipline du collège était-elle dure et même brutale. Maintes fois les consuls reçurent les plaintes de parents au sujet de corrections trop rigoureuses infligées aux enfants et durent protester contre ces châtiments corporels qui « éloignoient les enfants de l'étude et les dégoutoient de leur debvoir en même temps qu'ils leur inspiroient l'aversion de leurs maîtres »[2].

------

(1) Arch. départ. H. 236. V. *infra*, pièce justificat. n° 5.

(2) Arch. commun. BB. 13 f° 49 v°... « M. Marcé, conseiller politique, a dit que son fils qu'il a dans la classe de 3°, fut bru-

Avant de quitter le collège des Doctrinaires, il nous faut dire un mot des représentations théâtrales. Ces jours-là, c'est grande fête au collège. On n'a rien épargné pour que la cérémonie fût digne de l'évêque, des consuls, des notables de la ville, qui viendront applaudir aux vers des « humanistes » : la grande salle du collège est décorée de tentures(1) ; une scène est improvisée au fond de laquelle un artiste local a peint un forum antique ; des violons sont là, dont la mélodie s'élèvera pendant les entr'actes, comme les chants des chœurs grecs(2) ; les élèves ont quitté leurs vêtements habituels pour se draper d'amples toges

talement traité par le Père, le 18 du courant ; qu'après avoir resté en pénitence et à genoux pendant la plus grande partie de la classe, le Père, dans un nouvel accès, le chargea de coups de poings sur la tête, le traîna par les cheveux et luy défigura le nés et la bouche qui étoient tout en sang » Le conseil délibère de prévenir le Provincial de ces faits et de solliciter le déplacement du régent de troisième.

(1) Avant la construction du collège des Doctrinaires, au temps du collège des arts, les représentations avaient lieu ou dans la basse-cour de l'évêché, ou dans la salle du clergé. V. Arch. commun CC. 200 : « 7 écus 2 sous pour les fournitures faites pour dresser un théâtre dans la basse-cour de l'évêché, le dimanche 6 août 1600, et ce pour jouer l'histoire de l'*Enfant Prodigue* par les maistres des arts pour instruire les enfants de la ville » ; CC. 213 : « 8 l. à M. Duchier pour la façon du théâtre qui fut dernièrement fait en la salle du clergé, pour servir à la tragédie que ledit sieur Duchier fit exhiber le second dimanche de février 1613 ».

(2) Arch. commun. CC. 200 « 2 escus pour les violons et les musiciens qui assistèrent pour jouer l'histoire de l'*Enfant Prodigue*. »

ornées de clinquant(1), ou endosser la bure de quelque
héros rustique ; car, de même qu'aux temps d'Eschyle
et de Sophocle, où les folies des Satyres faisaient oublier les fureurs d'Oreste et les désespoirs d'Œdipe,
une comédie terminera la solennité et, après avoir
pleuré aux malheurs de Bétis, les spectateurs se di-
vertiront des fanfaronnades de Lafleur, le *Gascon
confondu*. Le texte d'une de ces tragédies nous est
resté. Le sujet, *Bétis ou la prise de Gaze*, en est
emprunté à l'histoire grecque(2). Bétis, selon Quinte-
Curce, était gouverneur de Gaza quand Alexandre,
voulant pénétrer en Egypte, vint assiéger cette ville.
Il défendit la place héroïquement, blessa de ses mains
Alexandre, subit deux assauts et, fait prisonnier,
traîné comme Hector autour de la ville, il refusa d'im-
plorer la grâce de son vainqueur(3). « C'est cette vertu

(1) *Ibid.* CC. 205 : « 4 l. 10 s. au sieur Pierre Allard, peintre,
pour avoir peint 12 bastons quand les enfants jouèrent la comédie » ; CC. 219 : « 4 l. 18 s. pour les habits des enfants qui repré-
sentoient l'*Histoire*; 5 l. pour 33 aunes 2 pans de clinquant pour
enrichir les habits. »

(2) Arch. départ. G. 1029. « *Bétis ou la prise de Gaze*, tragédie
dédiée à Monseigneur l'Evéque de Mende par les humanistes
du collège des RR. Pères de la Doctrine Chrétienne. A Mende,
chez Pierre et François Girard, imprimeurs de Monseigneur
l'Evéque, de la Ville et du Collège » (s. d.)

(3) Citons pour exemple un extrait de cette tragédie. Bétis
mourant s'adresse ainsi à Alexandre :

    Je n'ay jamais douté de ta haute injustice,
    Et quelque grande encore que soit ta cruauté,
    En ayant plus prévu, j'en crains peu la fierté :
    Jusqu'au dernier soupir j'ay défendu la Place,
    J'ay bravé ton orgueil et rejetté ta grace,

héroïque, écrivaient les Doctrinaires dans le « dessein de la tragédie », que Bétis conserva toute entière jusqu'au dernier soupir de sa vie, cette fidélité inviolable, cette valeur invincible, cette fermeté inaltérable que nous avons eue pour objet dans cette tragédie : nous avons cru qu'une vertu si haute étoit capable d'exciter dans l'esprit des Auditeurs cette émotion qui suit d'ordinaire les grands évènemens et que, n'étant pas moins digne d'être imitée qu'admirée, elle ferait sans doute l'effet que nous nous sommes proposez, afin que cet ouvrage ne fût pas moins propre à instruire qu'à divertir ; ne doutant pas qu'il ne soit de quelque prix s'il peut être de quelque utilité ». On le voit, les représentations théâtrales étaient données pour l'édification des écoliers. Tous les héros des Doctrinaires avaient l'énergie de ceux de Corneille ; malheureusement ils n'en avaient point l'accent, et la vertu, toujours célébrée, l'était trop souvent en des vers indignes d'elle.

J'ay sçu même t'atteindre et, te perçant le flanc,
Redoubler ta fureur et répandre ton sang ;
Et, si le Ciel eût mieux secondé mon envie,
Je terminois nos maux en terminant ta vie.....
N'attens donc pas enfin qu'une indigne bassessé
A te demander grâce aujourd'hui m'intéresse ;
Ce peu de sang que j'ay seroit trop acheté
S'il falloit le devoir à quelque lâcheté,
Et, si je souhaitois encore ce peu de vie,
(Admire cette ardeur, crains-en la noble envie)
Ce seroit seulement pour te percer le flanc
Et noyer mes transports dans les flots de ton sang.

CHAPITRE III

L'Ecole Centrale[1]

(15 brumaire an V -- 1ᵉʳ brumaire an XII)

Par un arrêté du 3 floréal an IV (22 avril 1796),
l'administration du département de la Lozère décida,
conformément aux lois du 8 ventose an III et du 3
brumaire an IV, l'ouverture à Mende d'une école centrale. « C'est au progrès, était-il dit dans les considérants de l'arrêté, que la philosophie, les sciences et
les arts avaient faits, aux lumières qui s'étaient répandues dans toutes les classes de la société et qui avaient
si vivement fait sentir les abus et les vices de l'ancien
régime qu'ils en étaient devenus insupportables que
la France est redevable de l'étonnante révolution qui
lui a tout à coup fait prendre le premier rang parmi
les nations libres du monde ; seules, les sciences et
les connaissances utiles peuvent, en épurant les
mœurs, en étendant les idées, faire disparaître à jamais des erreurs et des préjugés ridicules ou funestes
qui ne sont que comprimés et qui, soutenus par l'ignorance et l'anarchie, font encore effort pour ressaisir

---

[1] La série L. (fonds de la Révolution) et la série moderne T
(instruction publique) n'étant pas cotées, nous renvoyons, pour
les sources des deux derniers chapitres, d'une façon générale et
une fois pour toutes, à ces deux séries L et T.

leurs victimes et faire rétrograder l'esprit humain (1) »
Les cours devaient commencer le 1ᵉʳ thermidor suivant (19 juillet), dans l'ancien collège des Doctrinaires.
Ils étaient divisés en trois sections ; on enseignait
dans la première le dessin, l'histoire naturelle, les
langues anciennes ; dans la seconde, les mathématiques, la physique et la chimie ; dans la troisième la
grammaire générale, les belles-lettres, l'histoire et la
législation. En outre l'administration centrale jugea
utile de solliciter du Directoire l'établissement d'un
cours de français, « le plus utile de tous dans un pays
où la langue française n'étant pas celle du peuple est
pour ainsi dire inconnue » (2). Les citoyens Eimar-
Jabrun de Marvejols, Bonnel de la Brageresse, médecin de Mende, et Rozière-Lachassagne, président du
tribunal criminel, furent désignés pour former le jury
d'instruction, chargé de la surveillance de l'école et
du recrutement des professeurs. Dans les locaux mêmes de l'école devait être installée la bibliothèque du
département (3).

La maison des Doctrinaires avait eu beaucoup à
souffrir des récents évènements. Lors de l'occupation

---

(1) F. André : *opus cital.*, t. III, pp. 628 sqq.

(2) Ce projet n'eut pas de suite.

(3) La bibliothèque du département était à ce moment composée de la réunion à la bibliothèque des Doctrinaires — qui
avaient hérité, comme on l'a vu, de celle de Mgr de Choiseul —
des bibliothèques des divers ordres religieux de la ville : les
Carmes, les Cordeliers et les Capucins ; la bibliothèque départementale devint bibliothèque communale par la cession que fit
Napoléon aux communes en 1811 de certains bâtiments publics — parmi lesquels les collèges — à charge de les entretenir et de les conserver à leur destination primitive.

de Mende par Charrier, les troupes de l'insurgé royaliste y avaient été logées ; puis on y avait installé successivement un hôpital militaire et un grenier à foin ;
afin d'obtenir une salle plus vaste, les murs de refend
avaient été abattus au rez-de-chaussée et la solidité
de l'édifice, dont toutes les salles étaient voûtées d'arête, en avait été fortement ébranlée ; la façade nord
était lézardée. En 1796 le bâtiment était « dans le
plus affreux délabrement, ouvert à tout venant ; le rez
de-chaussée était devenu un cloaque où tout était emporté, jusqu'aux gonds des portes ; il n'y avait pas
une porte qui fermât, pas un banc » pour les élèves.
Des réparations étaient donc nécessaires. L'ingénieur
en chef du département, M. Boissonade, fut chargé
d'en dresser le devis. Les frais s'élevaient à 165.218
francs. Le département n'était naturellement pas en
mesure de les payer et les réparations furent ajournées.

Le 15 messidor an IV (3 juillet 1796) comparurent
devant le jury d'instruction les candidats aux fonctions de professeur. Ils devaient « réunir aux talens
qu'exigeait la partie à laquelle ils se destinaient des
mœurs pures, une probité irréprochable, l'amour de
leurs semblables et de la liberté ». Après un examen
public les chaires de mathématiques, de grammaire
générale et d'histoire furent attribuées respectivement
aux citoyens Guyot, de Marvejols, Boyer, de Saint-
Alban et Louis Brun, du Malzieu ; celles de langues
anciennes à deux ex-doctrinaires du collège de Mende,
Meffre, de Villefort et Lhermet, de Chantelouve ; la
chaire de législation échut à un avocat de Mende, Vimont ; les citoyens Girard, médecin de Marvejols, ancien

inspecteur des eaux de Bagnols, et Barbut, médecin de Mende, furent chargés de l'enseignement de l'histoire naturelle et de la physique, et l'on confia celui des belles-lettres à un prêtre constitutionnel, « connu par son attachement à la Révolution », le citoyen Chas, de Villefort. Enfin l'ancien vicaire épiscopal, Dibon, président de la Société populaire, célèbre à Mende pour l'enthousiasme exalté dont il avait salué l'établissement du culte de la déesse Raison[1], fut nommé bibliothécaire du département[2]. Leur installation, d'abord fixée au 1er thermidor, fut reculée au 20 vendémiaire an V (11 octobre 1796). Ce jour là les administrateurs du département se rendirent en corps, à 10 heures du matin, dans la grande salle de l'école, suivis des juges des tribunaux civil et criminel, de la municipalité, du jury d'instruction et des professeurs. Le président de l'administration centrale, Lozéran-Fressac, après avoir déploré les excès d'une révolution, « destinée dans son principe à extirper les abus d'un régime corrompu », se félicita de présider à une cérémonie qui était un « présage assuré de calme et de paix ». Le professeur de belles-lettres développa ensuite en termes pompeux le programme des études[3]. Puis le président proclama le nom des professeurs élus et annonça l'ouverture des cours pour le 15 brumaire suivant (5 novembre 1796).

---

(1) V. L. André : *Essai sur l'histoire de la Révolution en Lozère*, p. 181.

(2) Le citoyen Debard, du Puy, fut dans la suite élu professeur de dessin.

(3) Arch. départ. série L. V. *infra*, pièces justificat. n°° 9 et 10.

Dans son discours le professeur de belles-lettres avait célébré les avantages de l'école centrale, où « tous les canaux de l'instruction étaient ouverts à tous les citoyens ». La variété des études distinguait en effet le nouvel enseignement de l'ancien. Il s'en distinguait aussi par un caractère plus pratique. « Je suppose, écrivait le professeur Girard, qu'on exerçât en même tems les doigts et l'esprit d'un enfant à exécuter les machines simples, à monter et à démonter un squelette, à couper des pierres pour construire en petit une voûte, une arche, un pont, à rassembler les parties d'un vaisseau, etc, je demande si cet enfant ne serait pas mieux instruit que celui qui a perdu cinq ou six années — et quelles années ! les plus précieuses de la vie ! — à mal apprendre du mauvais latin ! » Sans doute on n'a point rompu complètement avec la tradition et le latin continuait toujours d'être enseigné, mais non point exclusivement comme autrefois. « Ce n'est pas que je blâme l'étude de cette langue, écrit toujours le même Girard. Je pense qu'elle est une des clefs des sciences et de beaucoup de langues ; mais on doit l'enseigner par toute autre méthode que celle des anciens collèges, par la voye des traductions, des lectures et des explications ; en suivant cette marche, deux ans suffisent pour qu'un enfant sache autant de latin qu'il lui en faut pour y faire lui-même, s'il veut, de plus grands progrès. » Cette observation du professeur, au sujet du latin, est également applicable aux autres connaissances, dont le programme de l'école embrassait le cycle presque entier. Il était évidemment impossible aux élèves d'approfondir à la fois les sciences, l'histoire, le droit, les langues an-

ciennes ; le but était seulement de les leur révéler,
d'ouvrir beaucoup de voies, entre lesquelles le choix
se ferait plus tard, de semer des germes qui se déve-
lopperaient, avec la maturité de l'esprit, selon les ap-
titudes ou les goûts de chacun ; tel qui n'eût été qu'un
mauvais lettré deviendrait peut-être fort mathémati-
cien ou chimiste habile. On voulait, en même temps
que faciliter l'éclosion des talents particuliers, donner
à la généralité des élèves les connaissances dont, au
sortir du collège, ils auraient à faire usage. L'étude
de la chimie par exemple doit tendre en particulier à
l'amélioration des procédés de culture, à la mise en
valeur des produits naturels du département ; le professeur de mathématiques doit insister sur « les parties qui sont en usage dans le commerce de la vie »,
le calcul décimal, le nouveau système métrique, l'application de la géométrie à l'arpentage et au nivellement. Au cours d'histoire naturelle sont exposées
« les principales règles d'hygiène, les propriétés alimentaires et les vertus médicinales des plantes ». L'é-
tude de la législation a pour but de former des citoyens
instruits des lois, dans un pays où « la constitution
les appelle tous indistinctement à l'honneur de gouverner et de juger les autres ». Ces tendances prati-
ques se manifestent jusque dans le détail. « On ne
parle et l'on n'écrit que pour se faire entendre ; il est
aussi ridicule d'écrire mal ou d'affecter ce défaut,
comme le font certains ci-devant nobles, qu'il le seroit
ou d'avoir ou d'affecter une mauvaise prononciation ».

Cet enseignement, pratique dans le fonds, revêt
une forme concrète, tout opposée à l'ancienne, uni-

quement livresque et abstraite. Les récréations et les promenades pourront être l'occasion de ce que nous appellerions aujourd'hui des leçons de choses. « Quel sujet de réflexion et d'amusement à la fois, dit une circulaire du ministre François de Neufchâteau, ne doivent pas offrir et la charrue du laboureur et le pressoir du vigneron, le creuset du fondeur et la roue du potier, la navette du tisserand, la pendule de l'horloger, les moulins à eau et à vent, les forges, les papeteries, les fabriques de toute espèce ! Sans doute les jours de congé, dans la belle saison, sont consacrés de préférence à mener vos élèves dans les champs, les prés et les bois, pour y admirer la nature et pour apprendre à la connaitre ; mais ne négligez pas d'autres temps favorables pour les conduire aussi dans les ateliers..... Songez que toutes nos idées nous viennent par les sens ». C'est en application de cette théorie que le professeur d'histoire « aura recours aux médailles pour mieux graver les faits dans la mémoire des élèves », que des cabinets d'histoire naturelle et de physique seront créés.

Malgré ses tendances utilitaires, l'enseignement est guidé par des principes élevés. Lozéran-Fressac, dans son discours d'ouverture, l'avait dit excellemment aux professeurs : « Vous êtes destinés nonseulement à instruire, mais à former des hommes et, en même temps que vous cultivez l'esprit, vous devez vous attacher à développer le caractère ». Une circulaire du ministre François de Neufchâteau préconisait la tenue par chaque élève d'un cahier-journal, où il consignerait quotidiennement ses impressions, où il se jugerait lui-même au tribunal de sa conscience.

C'est à cette conscience qu'on fait appel pour obtenir de l'élève la meilleure conduite et le plus grand effort de travail. « Je ne vous parle pas, est-il dit, avec quelque exagération, dans la circulaire précitée, des traitements serviles et quelquefois barbares qui étaient prodigués jadis dans les collèges. On était conséquent. Que voulait-on faire de l'homme ? Un esclave ou un hypocrite. C'est le digne fruit des verges. Vous préparez des hommes libres ; vous devez les pétrir de générosité, de sentiment et de raison. Vous ne donnerez le travail que comme récompense et jamais comme peine ; vous réprimerez les fautes simples par des privations, les délits par la honte ». Et, pour inculquer aux élèves « le besoin du travail, la haine de l'oisiveté, l'amour de la vertu, le respect des lois et le culte de la patrie », on n'aura point recours « aux dogmes et aux rites des cultes ou sectes quelconques », mais aux préceptes de la morale universelle, indépendante des religions ; on conçoit qu'un homme peut avoir perdu la foi sans cesser d'être honnête homme et bon citoyen et l'on s'efforce de détruire ces liens indissolubles qui, auparavant, associaient dans l'esprit de l'enfant l'idée de la morale et celle du dogme religieux.

Ces idées, dont on ne peut contester l'élévation, ne plurent point. L'école centrale était pour ainsi dire frappée de mort avant sa naissance. « Ils vous trompent, s'était écrié le professeur Chas dans son discours d'ouverture, ils vous trompent ceux qui vous disent que cette école sera une source empoisonnée d'erreurs et de mauvais principes ! » On écouta trop bien ces prophètes de malheur. La population mendoise, pro-

fondément catholique, avait, on le sait, accueilli avec
méfiance les idées révolutionnaires, auxquelles dans
la suite les mesures qui frappèrent le clergé l'avaient
complètement rendue hostile. La présence parmi les
professeurs de l'école centrale de deux anciens prêtres constitutionnels (Chas et Dibon), de deux ex-
Doctrinaires qui avaient des premiers prêté le serment
civfque (Meffre et Lhermet), d'hommes enfin que leur
« haine de la tyrannie » avait désignés au choix du
jury, devait rendre suspect le nouvel établissement. Puis
l'école paraissait être le foyer même du républicanisme :
c'était là que, dans la chapelle du collège desaffectée,
avait été érigé un temple à la déesse Raison, là que,
dans l'ancienne grande salle des Doctrinaires, se cé-
lébraient les fêtes nationales et décadaires(1), alors que
les dimanches n'y étaient pas observés. L'école centrale demeura donc presque déserte, alors que regor-
geaient les écoles particulières des citoyens Rocher
et Rivierre, « repaires du fanatisme royal et supers-
titieux, où des spéculateurs avides étouffaient par un
vil et sordide intérêt les germes précieux des vertus
républicaines ». Aussi, le 5 messidor an V (23 juin
1797) après sept mois à peine d'existence, l'école centrale était suspendue (2).

En prenant cette mesure, l'administration centrale
s'était basée sur « l'inutilité complète » de l'école et le

---

(1) Le temple décadaire avait été primitivement établi dans la
chapelle des Carmes (qui subsiste encore et dont la porte donne
place de la République) ; il fut transféré ensuite à l'école centrale.

(2) F. André, *opus cilat.*, t. IV p. 55.

« fardeau accablant » qu'elle constituait pour les contribuables. Néanmoins l'école continuait d'attirer sa sollicitude ; la suppression n'en avait été décidée qu'à titre provisoire et, entre temps, l'administration étudiait les moyens de la faire prospérer. L'école se rouvrit en effet en brumaire an VI. Un arrêté du Directoire du 27 brumaire, en exigeant des candidats aux fonctions publiques un certificat de fréquentation des écoles centrales, eut pour résultat d'augmenter le nombre des élèves. De son côté l'administration départementale decida la fermeture des écoles des citoyens Rocher et Rivière, « pour régénérer, était-il dit, l'esprit public et empêcher la corruption de la jeunesse », en réalité pour délivrer l'école centrale d'une concurrence redoutable. Cependant le succès ne vint pas encore. En effet, outre la suspicion dans laquelle elle était tenue, bien des causes s'opposaient à la prospérité de l'école.

Tout d'abord, l'enseignement ne donna point les résultats qu'on en espérait ; on vit à l'épreuve que, si son organisation avait été dictée par des intentions fort louables, elle avait été aussi trop hâtive. Les élèves ne pouvaient entrer dans chacune des sections qu'à un âge déterminé : 12 ans pour la première ; 14 ans pour la seconde ; 16 ans pour la troisième. Théoriquement l'écolier devait donc commencer ses classes à 12 ans par l'étude du dessin, du latin et de l'histoire naturelle, les continuer à 14 ans par celle des sciences, les achever à 16 par celle de l'histoire, de la législation et des belles-lettres. Or, en passant dans une section supérieure, n'était-il pas à craindre qu'il oubliât ce que, pendant deux ans, il avait appris dans la section précédente ? Cette division en sections paraît avoir été, il est vrai, abandonnée dans la pratique et tel, qui suivait le cours de mathématiques dans la seconde section, suivait aussi dans la première celui de législation. Mais il en résultait dans chaque classe, par suite du manque d'homogénéité dans les connaissances des élèves, une grande perturbation. En outre le choix étant laissé aux élèves des cours qu'ils devaient suivre, ils recevaient, contrairement aux intentions du législateur, une instruction, les uns exclusivement littéraire, les autres exclusivement scientifique.

De leur côté les professeurs s'étaient départis du zèle qu'ils avaient montré tout d'abord. Les discours périodiques auxquels ils étaient astreints devinrent à la longue une charge désagréable et l'étroite surveillance dont ils étaient l'objet de la part des Jacobins dut, malgré leur civisme, leur peser lourdement ; deux d'entre eux, les citoyens Brun et Barbut, furent suspendus de leurs fonctions, « le premier comme ayant perdu un plan de contre-révolution dans la salle des séances de l'administration centrale, le second pour avoir méprisé dans ses invitations les formes républicaines ; » après une enquête(1), Brun fut révoqué. Les logements qui leur étaient réservés dans l'école étaient à peine habitables ; faute de ressources les réparations avaient été plusieurs fois ajournées et l'un des professeurs, Vimont, qui fit exécuter à ses frais les plus urgentes, ne put recouvrer ses avances qu'après maintes difficultés. Leur traitement, primiti-

______

(1) F. André, *opus cital.* t. IV pp. 138 sqq.

vement fixé, à 2.000 fr.(1), avait été réduit à 1.500 fr., qu'ils avaient beaucoup de peine à toucher. « Mes chers collègues me talonnent, écrivait Girard, pour écrire aux Ministres de l'Intérieur et des Finances à l'effet d'accélérer la marche du crédit. Ma foi, je crois que nos Messieurs m'ont pris à prix-fait ! A force d'écrire pour les faire payer, la main me fait mal ». Dégoûtés par ces tracasseries morales et ces soucis matériels, les professeurs se lassaient aussi de prêcher dans le désert, devant de rares élèves chez lesquels manquait l'émulation. Quelques-uns même allaient jusqu'à abandonner leur cours, pour se livrer hors de l'école à des occupations plus productives. Le jury d'instruction, peu zélé, laissait faire.

Cet état de choses préoccupait vivement l'administration départementale. Dans sa séance du 24 vendémiaire an VII, elle réorganisa l'école centrale(2). « S'il est des professeurs, était-il dit dans les considérants de l'arrêté, qui ont senti l'importance des fonctions qui leur sont confiées, il en est d'autres qui n'ont pas été également pénétrés de leurs devoirs. Tous doivent se regarder comme chargés des plus grands intérêts de la société ; ils lui doivent un compte sérieux du temps qu'ils ont perdu ou fait perdre à leurs élèves et, si l'administration ne peut pas les borner au seul emploi de professeur, elle doit exiger d'eux des études et des leçons suivies et qu'ils fassent de leur place leur occupation principale ». L'administration enjoignait

---

(1) Il était le même que celui des administrateurs du département.

(2) F. André, *op. cital.* t. IV pp. 327 sqq.

donc au jury de redoubler sa surveillance, aux professeurs d'être plus exacts et plus zélés, fixait l'ordre, le lieu et la durée des classes, exigeait des professeurs et des élèves la tenue de cahiers qui seraient soumis au contrôle du jury et au sien propre. En même temps elle décidait de faire au bâtiment de l'école les réparations depuis si longtemps retardées, créait pour la chaire d'histoire naturelle un petit jardin botanique et poussait la générosité jusqu'à voter la construction d'un théâtre dans la grande salle de l'école. Ces mesures étaient bonnes. Par contre l'administration parait avoir méconnu l'état du sentiment de la population en refusant toute concession aux idées anciennes, en fixant au contraire avec plus de rigueur les démonstrations publiques qui contribuaient surtout à jeter sur l'école le discrédit. « Chaque professeur, était-il décidé, continuera, comme cela a été déjà pratiqué, de faire un discours républicain à toutes les fêtes nationales et décadaires, en observant que les discours soient analogues aux fêtes que l'on doit célébrer (art. 16). Indépendamment du discours que chaque professeur devra faire, les élèves de chaque classe alternativement, et les plus intruits d'entre eux, seront préparés pour réciter aux fêtes nationales et décadaires quelques morceaux choisis, ayant rapport aux études auxquelles ils se seront livrés (art. 18). Outre ces exercices particuliers, il y aura un exercice général et public à la fin de chaque année classique, où l'administration centrale distribuera des prix à tous ceux qui s'en rendront les plus dignes (art. 19). Ne seront point admis à concourir ceux des élèves qui n'auront pas tenu une conduite républicaine ni ceux qui n'auront pas assidûment fréquenté les écoles et les réunions nationales et décadaires (art. 20). Les leçons seront données tous les jours de la décade, les fêtes nationales et les décadis exceptés (art. 6) ».

Cette organisation et la création de 20 bourses de 300 fr. en faveur d'enfants « de parents civiques et peu aisés », empêchèrent l'école d'être complètement abandonnée. En l'an XI elle comptait 86 élèves — tous externes, car l'internat n'était point pratiqué et l'établissement d'un pensionnat, recommandé par le Directoire, n'avait pas réussi ; — les cours de latin, de mathématiques, de législation et de dessin étaient les plus suivis ; le professeur d'histoire n'avait que 12 élèves, celui d'histoire naturelle 7, parmi lesquels « Louis Papon, chasseur de la 2e cie du 2 bon de la 20e demi-brigade d'infanterie légère, âgé de 30 ans » ; ceux de physique et de grammaire générale n'en avaient aucun. Ces chiffres étaient médiocres, si l'on songe qu'au milieu du xviiie siècle la seule classe de logique comptait plus de 40 élèves (1).

Les désaccords entre les professeurs, qui marquèrent les dernières années de l'école, devaient lui porter le dernier coup. Certains professeurs, étaient surchargés de besogne alors que les autres demeuraient inoccupés. Un arrêté, pris par le Préfet pour répartir le travail entre eux d'une façon plus équitable, fut mal accueilli par quelques-uns et eut pour effet de semer parmi eux la discorde. Le refus opposé par Vimont et Girard

---

(1) D'après un *Cours de Logique*, manuscrit appartenant à la Société d'Agriculture de la Lozère, en tête duquel est inscrite la liste des logiciens.

d'agréer comme adjoint au bibliothécaire le beau-frère de leur collègue Chas, le citoyen Génuer, rendit encore la situation plus tendue. En vain le député de la Lozère, Barrot, intervint et prêcha le calme : « Les citoyens Vimont et Girard, écrivait-il, ont trop d'esprit et trop de bon sens pour ne pas sentir combien de pareilles divisions pourraient devenir funestes pour vous tous et j'espère qu'une prompte réconciliation ramènera bientôt dans l'école de la Lozère l'harmonie qui n'aurait jamais dû cesser d'y exister ». Ces exhortations n'apportèrent point l'apaisement ; les rancunes et les jalousies devinrent plus vives. Il se forma parmi les professeurs deux clans, qui se disputèrent âprement la direction de l'école. Les élections de l'an XI au conseil d'administration durent être recommencées trois fois et donnèrent lieu à de multiples scandales qu'il serait trop long de retracer par le détail (1). Il manquait à l'école un directeur, qui eût assez de pouvoir et de fermeté pour les faire cesser.

Au reste, les professeurs se souciaient peu du tort qu'ils causaient à l'école. Ils savaient que ses jours étaient comptés, que la suppression des écoles centrales et leur remplacement par des lycées et des écoles secondaires avaient été décidés. L'ancien prêtre constitutionnel, Chas, avait commencé des démarches pour obtenir une cure de l'archevêque d'Avignon ; Girard, vieux et infirme, n'aspirait qu'à se retirer à Bagnols, dans sa sinécure d'inspecteur des eaux ; les autres préparaient l'avenir, sollicitaient des places de professeurs de lycées ou travaillaient à se maintenir

---

(2) V. *infra*, à ce sujet, les curieuses lettres de Girard.

dans l'école secondaire qui devait remplacer à Mende l'école centrale. Génuer, nommé malgré Vimont et Girard bibliothécaire adjoint de l'école, avait fondé une institution particulière qui devint bientôt prospère. En brumaire an XI, soutenu par Chas, son beau-frère, et les amis de ce dernier, Barbut et Guyot, il sollicita du Préfet l'autorisation d'installer ses classes dans une des salles de l'ancien séminaire. Mais, dans l'espoir de recueillir pour eux-mêmes l'héritage de l'école (1), Meffre et Lhermet qui, avec l'abbé Crouzon, dirigeaient une institution particulière, rivale à la fois de celle de Génuer et de l'école centrale même où ils enseignaient, s'y opposèrent énergiquement. L'école disparut au cours de ces incidents ; le 1er brumaire an XII (24 octobre 1803), l'érection des lycées de Nîmes et de Rodez entraîna sa suppression.

---

(1) « Quels inconvéniens, disait Génuer dans son mémoire, peut-il y avoir à rendre les appartemens à leur destination primitive, tandis qu'on n'en trouve aucun à loger des chevaux, à former des magasins de fruits, à fournir la salle destinée aux exercices publics à tous les farceurs, à tous les bateleurs qui passent ? Le véritable inconvenient pour eux, et ils se garderaient bien de l'énoncer, c'est la crainte d'être rivalisés quand ils voudront former des établissemens pour être déclarés instituteurs secondaires. »

*

CHAPITRE IV

L'école secondaire (oct. 1803 nov. 1810) et les débuts du collège moderne (1810-1820)

Les écoles centrales, supprimées par la loi du 11 floréal an X, avaient été progressivement remplacées, ou par des lycées entretenus par l'État, ou par des écoles secondaires, subventionnées ou non par les communes. Pouvait être décrétée école secondaire toute institution ayant au moins trois professeurs et 50 élèves. A Mende deux seulement remplissaient ces conditions, celle de Génuer et celle de Meffre et Lhermet. Après bien des intrigues de part et d'autre, la préférence fut donnée à ces derniers et, en octobre 1803, ils s'installaient avec leur collègue Chas dans les locaux de l'école centrale ; une subvention annuelle de 3.300 fr. leur était servie par la ville. Les causes de l'échec de l'école centrale avaient disparu : le calme s'était fait dans les esprits, le culte avait été rétabli, le séminaire était réinstallé dans la partie est du bâtiment des Doctrinaires. Néanmoins l'école ne prospéra point : d'abord elle avait à lutter contre la concurrence des écoles secondaires établies à Marvejols, à Chirac et à Langogne (1) ; puis, la commune n'était

____

(1) A Marvejols M. Avit établit son école secondaire dans l'ancien couvent des Capucins ; à Chirac l'école de M. Deliane, qui comptait 5 professeurs et 74 élèves, fut installée dans l'ancien petit séminaire ; à Langogne on accorda à M. Randon, ex-doctrinaire, qui avait été professeur au collège de Mende et y revint dans la suite, la maison des ci-devant religieuses de S^{te}-

pas en mesure d'entretenir un nombre suffisant de professeurs et les élèves désertaient Mende pour aller à Rodez ou à Nimes faire des études plus complètes. En 1807 l'école secondaire ne justifiait plus son titre : Lhermet ayant été nommé au lycée de Rodez, elle ne comptait plus que deux professeurs ; le nombre des élèves était inférieur à 50.

La municipalité comprit que, pour assurer le succès de l'école, il fallait lui donner plus d'extension. Elle en confia la réorganisation à M. Deliane, ancien directeur de l'école secondaire de Chirac, déjà tombée. Les classes de l'ancien collège des Doctrinaires furent rétablies ; le directeur se chargea du cours de philosophie et choisit presque tous ses collaborateurs parmi les élèves du séminaire. Meffre fut éliminé, comme « étant engagé dans le mariage et ne pouvant s'assujettir à la règle commune », et, seul des anciens professeurs de l'école centrale, Chas demeura dans sa chaire de rhétorique. Par cette sorte d'épuration, M. Deliane espérait gagner la confiance des familles, en même temps qu'il voyait un avantage pécuniaire dans le choix des séminaristes — ces derniers, logés au séminaire, pouvant se contenter d'un traitement modique. Néanmoins les dépenses annuelles de l'établissement étaient évaluées à 9.000 fr. Pour y parer, aux 5.000 fr. que, d'après les prévisions du directeur, produirait la rétribution scolaire — payée par 125 élèves, pendant 20 mois de l'année, à raison de 4 fr. par mois, — la ville fournirait un supplément de 4.000 fr.; les 700 fr. qu'elle devrait ajouter à la sub-

Marie. Ces écoles n'eurent pas de succès ; dès 1808, celle de Chirac avait disparu.

vention de 3.300 fr., précédemment servie à l'école, seraient largement compensés par le produit des nouveaux droits de bancage et de mesurage des vins. La ville consentit à ce sacrifice et, bien que l'agrandissement de la place d'Angiran lui imposàt à ce moment de lourdes charges, elle accorda même 2.000 fr. de supplément pour établir un pensionnat dans l'école, aménager des dortoirs, un réfectoire et une cuisine.

Sur ces entrefaites le décret du 17 mars 1808 créa l'Université Impériale. L'Université eut dès lors le monopole de l'instruction publique ; les écoles ecclésiastiques, ressuscitées depuis la disparition des écoles centrales, furent réservées aux seuls aspirants au sacerdoce et, afin d'éviter la concurrence aux établissements de l'Etat, les programmes d'études des institutions libres furent étroitement limités. Une circulaire du Grand-Maître, Fontanes, enjoignit bientôt aux professeurs d'opter ou non pour l'Université. Il est probable qu'à Mende, presque tous élèves du séminaire, ils se refusèrent à cette option — les documents font défaut sur ce point ; — mais la difficulté de recruter un personnel, du jour au lendemain, fit que les choses restèrent quelque temps en l'état. En effet le 1er novembre 1810 seulement, un collège universitaire était érigé en remplacement de l'école secondaire.

Meffre, sans doute devenu veuf, ou nommé contrairement à la loi qui exigeait le célibat des membres du corps enseignant, fut placé à la tête du collège, pour lequel il soumettait bientôt au Préfet un projet de règlement(1). Les temps étaient changés et l'on était loin déjà des théories de la Révolution ! Girard, l'an-

____

(1) **V.** *infra,* pièce justificat, nᵒ 13.

cien contempteur de la tyrannie, l'ex-fidèle du culte de l'Etre Suprème, adorant ce qu'il avait brûlé, occupait les loisirs de sa retraite à célébrer dans le *Journal de la Lozère* — nouvellement fondé par M. J.J.M. Ignon — le génie et les victoires de Napoléon ou les « grandes vertus du christianisme ». Pareil revirement se fit au collège. La confession mensuelle devint pour les élèves obligatoire ; tous les jours externes comme internes durent assister à la messe ; les professeurs eux-mêmes n'échappèrent point à cette obligation et le Préfet se fit adresser hebdomadairement la liste de ceux qui s'en exemptaient. Comme autrefois, outre les grandes vacances, il y eut congé le jeudi et le dimanche, le premier jour de l'an — à l'occasion duquel une délégation d'élèves allait, selon l'ancienne coutume, présenter ses souhaits à l'évêque [1] — le 29 janvier, jour de la fête de St François de Sales, patron de la chapelle du collège, et la semaine sainte ; on ajouta à cette liste le 17 mars, en mémoire de la fondation de l'Université, et le 2 décembre, anniversaire du couronnement de l'Empereur. L'année scolaire se terminait par une distribution de prix, où les élèves les plus brillants répondaient eux-mêmes —parfois en latin ! — aux discours du président, soutenaient une thèse, étaient interrogés sur la matière de leurs études [2]. Quant à l'enseignement, on

---

[1] V. *infra*, les discours prononcés le 1ᵉʳ janvier 1814 par les élèves Frédéric Paradan et Louis Jacques.

[2] Distribution des prix du 11 août 1808 : « ... Le jeune Martin, de Langogne, qui a prononcé le discours d'ouverture et soutenu la thèse de philosophie, a répondu de la manière la plus satisfaisante aux arguments qui lui ont été faits ..... Quelques expériences de physique ont trouvé naturellement place dans

abandonna définitivement les idées que l'essai infruc-
tueux des écoles centrales pouvait faire paraître uto-
piques — idées déjà délaissées d'ailleurs au temps
de l'école secondaire — et l'on revint au « système
des Rollin et des Lebeau » : les études latines devinrent à nouveau très fortes et l'on n'ajouta à l'ancien
programme que quelques notions d'histoire moderne.
C'était en somme un retour à l'enseignement des Doctrinaires. Le nouveau collège ne se distingua de l'ancien que par l'internat inauguré avec l'école secondaire et qui fut continué. Comme les autres établissements universitaires, il prit un aspect de caserne : la
cloche monastique disparut, le réveil se fit au tambour
et les collégiens endossèrent un uniforme presque
militaire, « tricorne, habit de drap gris de fer, collet
couleur ponceau, revers et paremens couleur de l'habit avec un liseré de la couleur du collet ».

Il semble qu'avec la nouvelle organisation le collège
dût retrouver sa prospérité d'antan. Mais le clergé
entretenait contre lui une campagne sourde et, bien
que l'enseignement y fût religieux, il ne pouvait se
résigner à ne pas le diriger lui-même. L'école secon-

cette séance .. .. » *(Journal de la Lozère,* 1808, p. 68) ; — du
3 janvier 1811 : « ..... on a distribué une croix au 1ᵉʳ en composition de chacune des 5 classes. En rétablissant cette ancienne
récompense, le bureau d'administration a voulu faire revivre ce
genre d'encouragement dont l'expérience avait prouvé les heureux effets. Cette cérémonie a été terminée par un discours de
remerciments au nom des élèves, qu'a prononcé M Comandré
rhétoricien. » *(ibid.* 1811, p. 2) ; — du 13 août 1812 : la séance
s'ouvre par un discours du principal, M. Meffre, auquel répond
en vers latins le rhétoricien Renouard ; elle se termine par une
cantate de l'abbé Crouzon : *Vigilans magistrats — L'honneur
de ces climats — De nos progrès — Secondez le succès !* (!!!) etc.

daire ecclésiastique ou petit séminaire fit au collège, en dépit des décrets, une rude concurrence ; le grand séminaire alla même jusqu'à lui enlever ses pensionnaires et tel était alors l'état des esprits que le principal n'osa protester contre cet empiètement. Les malheurs conjugaux de l'ex-doctrinaire Randon jetaient sur le collège un renom ridicule et de mauvais aloi. Deliane, qui de directeur de l'école secondaire était passé professeur de troisième, jaloux de se voir sous la dépendance de Meffre, autrefois évincé par lui, prêchait ouvertement l'indiscipline. « C'est ici l'esprit le plus général, écrivait Meffre au Préfet, de ne vouloir reconnaitre aucune subordination ». En même temps le principal était aux prises avec les difficultés matérielles : chaque élève — indépendamment du prix de la pension pour les internes — devait acquitter une rétribution mensuelle de 4 fr.; plus les droits universitaires fixés au vingtième du prix de la pension (1). Or ces droits étaient presque irrecouvrables. Le 8 mars 1811, sur 140 élèves 46 seulement les avaient acquittés. Le percepteur de la commune de Mende, M. Valentin, ne cessait de se plaindre auprès du Préfet de la difficulté qu'il éprouvait à faire rentrer les fonds. « Certains professeurs, écrivait-il, au lieu de faire verser aux élèves leur rétribution dans ma caisse, la perçoivent à leur profit et remplacent par des bons le numéraire qui devrait être versé dans ma caisse. Il en résulte que les uns sont payés et même surpayés et que ceux qui s'abstiennent de ce moyen ne tou-

---

(1) Le prix de la pension étant de 32 fr. par mois, les droits universitaires étaient de 1 fr. 60 par mois.

chent rien ». En 1812 le principal vit son traitement saisi et chaque année la ville devait combler un déficit.

Aussi, après avoir vainement sollicité l'établissement d'un lycée, la municipalité saisit-elle avec empressement la proposition que lui firent pour la seconde fois(1), en mars 1812, le chanoine Brun, directeur, et l'abbé Bichon, professeur du séminaire. Ils offraient moyennant une subvention annuelle de 2.400 fr., de prendre le collège en régie ; les professeurs seraient choisis par eux et soumis à l'agrément du maire de Mende. C'était soustraire en partie le collège au contrôle de l'Université. Le recteur de l'Académie de Nimes, Tédenat, refusa d'approuver ce projet. Il fit observer que le collège, usant d'un local qui était affecté à l'Université, recevant une subvention de la ville, ne pouvait être considéré comme une institution particulière, que par suite, soumis aux règlements universitaires, l'Université seule devait avoir le soin de recruter son personnel enseignant. « Il y a aussi, ajoutait-il, un inconvénient grave dans le choix exclusif des professeurs pris parmi les jeunes gens du séminaire. C'est soumettre ces jeunes gens à deux autorités qui pourraient bien ne pas être toujours d'accord sur leur destination ; car si l'une veut les retirer du collège et que l'autre exige qu'ils y continuent leurs fonctions, comment pourraient-ils obéir aux deux ? » Néanmoins le recteur était conciliant. « Quoique M. Brun ne puisse point paraître dans cette organisation il peut en être l'âme et la diriger de concert avec M. Bichon, en suivant les formes universitaires ..... Les

____

(1) Ils avaient fait déjà cette proposition en 1807, avant que M. Deliane eût été nommé directeur de l'école secondaire.

membres du conseil d'administration et les autorités locales pourraient faire un choix parmi les prêtres ou les jeunes ecclésiastiques et me les désigner pour régents du collège. Je les proposerais au Grand-Maître et il est probable qu'il s'empresserait de les nommer ».

Ainsi fut fait, conformément au texte sinon à l'esprit de la loi. Mais, si au temps des Doctrinaires l'union du collège et du séminaire avait pu subsister pendant plus d'un siècle, c'est que cette union avait été plus intime et que les professeurs, uniquement voués à l'enseignement, n'étaient pas appelés à d'autres besognes. Or le partage de l'autorité entre le chanoine Brun, supérieur du séminaire, qui était, selon le mot du recteur, « l'âme » de la maison, et l'abbé Bichon qui en était officiellement le directeur, les changements fréquents des régents, déplacés par l'évêque selon les besoins du diocèse, entraînèrent l'échec de la nouvelle combinaison. Deux ans après le collège était dans un état de « désorganisation totale » et, quand survint la Restauration, un changement était reconnu nécessaire. L'un des chefs du parti royaliste en Lozère, l'abbé Fayet, reçut pour prix de ses services, en attendant qu'il devint aumônier de la Reine et inspecteur général de l'Université, la direction provisoire du collège, à nouveau séparé du séminaire.

Bien que l'ordonnance royale du 5 octobre 1814 eût maintenu les décrets impériaux relatifs à l'instruction publique, l'évêque de Mende crut le moment venu d'agir énergiquement et tenta de mettre la main sur le collège. Par une lettre du 31 octobre 1814, il réclama à la municipalité la cession des bâtiments du collège pour y établir une école ecclésiastique. Dans la substitution de cet établissement au collège il y avait pour le clergé un avantage matériel : les élèves des petits séminaires étaient en effet exemptés de la rétribution universitaire et cette exemption eût favorisé dans le diocèse le recrutement du clergé, issu en majorité de familles pauvres. Par contre la substitution demandée avait l'inconvénient, ou d'exclure de l'ancien collège les séculiers, si on observait exactement la loi d'après laquelle les petits séminaires ne devaient recevoir que des aspirants au sacerdoce, ou, si on la tournait, de léser les droits de l'Université. L'évêque crut trouver le moyen de concilier les deux intérêts opposés : les séculiers seraient admis au petit séminaire, mais ne jouiraient point de l'exemption des droits universitaires. « L'Université, disait-il ironiquement, tolère tout quand elle n'a rien à perdre ». Mgr Morel de Mons prétendait voir aussi dans son projet un bienfait moral, le moyen de « procurer à la jeunesse un azyle où ses mœurs et sa religion fussent en sûreté ». « Si le collège subsiste tel qu'il est tout à l'heure, écrivait-il, l'Université fournira toute seule des professeurs. Et quels professeurs ! Quelle sera la confiance du peuple envers ces hommes, étrangers à nos mœurs et peut-être à nos principes ? » A tous ces arguments il ajoutait les menaces : « L'évêque, était-il dit dans un mémoire, persiste à vouloir établir un petit séminaire. Si ce n'est pas à Mende, ce sera ailleurs. Que deviendra alors le collège de Mende ? »

L'intimidation était inutile et la municipalité approuva avec empressement une combinaison qui la délivrait d'une lourde charge et répondait à ses secrets désirs. « Considérant que la ville manquait de fonds pour le paiement des professeurs, puisque cette année l'allocation qui avait été faite au budget avait été prise sur les capitaux ; considérant la diminution des revenus de la ville, l'augmentation de ses dépenses, la nécessité d'appeler les frères des écoles chrétiennes, les efforts qu'on avait fait annuellement pour organiser le collège à la satisfaction générale, sans pouvoir y parvenir », elle consentit unanimement à la cession demandée. Mais l'Université n'avait point la tolérance que lui prêtait l'évêque de Mende, et le recteur de l'Académie de Nimes fit échouer les desseins de Mgr Morel de Mons. « Il est certain, écrivait-il au Préfet, il est certain que ce projet est le moyen d'anéantir un collège qui déplaisoit tant à une certaine classe d'habitants de Mende, par cela seul qu'il n'étoit pas sous la surveillance immédiate du clergé, pour lui en substituer un autre qui sera plus de leur goût ..... Il y a deux ans qu'on se plaignait de ce que les études étaient trop profanes ; dans quelque tems on les trouvera trop mystiques ». En même temps il avertit le Grand-Maitre qui, le 21 décembre 1814, lui transmettait des ordres formels pour s'opposer aux entreprises illégales de l'évêque de Mende. « Son Excellence, écrivait le recteur, est bien éloignée de penser que l'école secondaire ecclésiastique tiendra lieu de collège et que les petits séminaires pourront admettre des externes contre le texte de l'ordonnance royale du 5 octobre dernier. Les écoles secondaires ecclésiastiques n'ont été demandées par MM. les évêques que pour l'instruction des jeunes gens qui se destinent à entrer dans les grands séminaires ; ils doivent se préparer aux vertus de leur état dans la retraite et loin de la dissi-

pation du monde ; il est impossible d'imposer le régime sévère qui doit subsister dans ces écoles à des
élèves externes qui porteraient au milieu des pensionnaires les habitudes de la société...... Après ces con-
sidérations, vouloir admettre des externes aux écoles
ecclésiastiques, ce serait manifester trop ouvertement
le désir de voir détruire cette Université, dont la création a causé tant d'ombrage à divers partis ».

Le projet de Mgr Morel de Mons ayant échoué, la
commune dut supporter, comme par le passé, la
charge du collège. En 1817 elle tenta d'obtenir son
érection en collège royal et, le 6 août, la municipalité
adressait à cet effet une supplique à Sa Majesté.
« Dans tous les tems, y était-il dit, la ville de Mende
a rivalisé de zèle et de dévouement pour nos Rois,
avec les cités les plus fidelles du royaume ; sous Louis
XI, le courage avec lequel elle ferma les portes aux
rebelles lui valut la faveur inappréciable de mettre
dans son armorial une fleur de lis et une L couron-
née (1) ; dans les guerres de religion, elle se conserva
pure et intacte au milieu de la contagion générale qui
avait engagé dans la révolte presque toutes les villes
du midi et elle aima mieux endurer le pillage et le car-
nage que de recevoir les ennemis du Roi ; dans les
diverses époques de la Révolution, elle a conservé son
dévouement absolu pour le meilleur et le plus malheu-
reux des monarques ; à plusieurs reprises elle a fait
des efforts dangereux pour rétablir l'autorité royale,
ce qui la mit en butte aux persécutions des Jacobins

____

(1) V. Ch. Porée : *Documents relatifs à l'histoire du Consulat
et des institutions municipales de Mende*, pp. 132 et 172 (Mende,
Privat).

et de l'Usurpateur ; enfin, en 1815, elle brava tous les dangers qui l'environnaient pour arborer le drapeau blanc longtemps avant la rentrée du Roi dans sa capitale. » La démarche demeura cependant sans résultat. Du moins la prospérité renaissante du collège atténua-t-elle les effets de cet échec. L'évêque, ne pouvant accaparer le collège, essaya d'y faire prévaloir son influence et cessa de le combattre pour le mieux dominer. « Monseigneur, dit le prospectus du collège pour l'année 1823, par un nouveau bienfait qu'on ne saurait trop apprécier, a voulu que toutes les chaires fussent occupées par des prêtres : mesure qui sera réalisée dans le courant de cette anné. » L'inauguration d'une salle d'étude fréquentée par les externes, la création de « caméristes » qui logeaient au collège, mais recevaient de chez eux leur nourriture ou les denrées qu'ils faisaient préparer dans l'établissement le soin apporté à « l'enseignement de la religion », assurèrent un succès définitif. On dut bientôt, pour aménager de nouveaux dortoirs, remiser la bibliothèque de la ville dans un appartement du rez-de-chaussée, puis, en 1823, la transférer à la maison commune.

Là est le terme que nous nous sommes imposé. Le collège devait subir encore des assauts, souffrir de bien des tiraillements ; mais aujourd'hui sa situation demeure stable et d'éclatants succès ont prouvé récemment, deux années durant, la solidité de l'enseignement qu'on y reçoit.

CH. PORÉE.

APPENDICES

I

LA FAMILLE DES ATGER. LA TOUR DE FRESQUET

Le plus ancien membre connu de la famille du fondateur du collège est ETIENNE Atger ; il joua un rôle actif, en 1262, lors des négociations qui eurent lieu entre l'évêque Odilon de Mercœur et les habitants de Mende, à la suite de la révolte de ces derniers (1) ; en 1267 il porte le titre de *judex in Gaballitano* (2). Un de ses fils, PIERRE, eut pour fille AGNÈS qui épousa Guillaume Fabre, de la Canourgue (3). On perd alors la trace des Atger pendant près d'un demi-siècle ; puis on les voit reparaître en la personne de PIERRE, dit *Fresquet*, peut-être fils du précédent, qui fut syndic de Mende à plusieurs reprises vers le milieu du xv⁰ s. et fut chargé en 1438 d'obtenir du Roi la confirmation des « libertés et franchises » de la cité (4). Un de ses fils, FRANÇOIS, « *domini Regis panaterius* » (5) contribua beaucoup à l'établissement du consulat à Mende en 1469 (6). BERNARD, à partir duquel on peut suivre sans interruption la généalogie des Atger était sans doute le frère de François. Le nom des Atger s'éteignit en la personne d'Aldebert, chanoine de Mende, fondateur de la chapelle Notre-Dame *sub sole* ou de l'Aurore, érigée dans l'ancien grand cimetière de la cathédrale (place Urbain V) — ou plutôt en celle de son oncle, Pierre, fondateur du collège, qui survécut pendant 23 ans à son neveu. Mais la descendance se continua par les femmes. Le tableau ci-contre montre que les Atger s'allièrent aux familles les plus importantes de Mende, entre autres aux Torrent, qui du xv⁰ au xviii⁰ s. fournirent une dynastie de notaires, aux Borrel de Chanolhet, seigneurs de Servières et de Lagrange, alliés aux Florit de la Tour de Clamouse et aux Rivières de Corsac auxquels échut jusqu'à la Révolution le patronat des collèges de la Trinité et des Cinq-Plaies.

(1) Ch. Porée : Docum. relatifs à l'hist. du Consulat de Mende, pp. 1 à 48.
(2) Arch. départ. G. 737 f⁰ 6.
(3) *Ibid.* Série E non cotée.
(4) *Ibid.* G. 1388 f⁰ 95 et G. 290 n⁰ 3.
(5) *Ibid.* Série E. Reg. de Vidal Cortusson, f⁰ˢ 3, 17, 19.
(6) Ch. Porée, *op. citat.* pp. 105 sqq.

Bernard **ATGER**

Etienne
ép. Cather. **DELMOND**
Alias **CHAPELLE**

Pons
Chanoine de Mende,
fondateur du collège des
Cinq-Plaies

Pierre
Chanoine de Mende
et fondateur du collège
de la Trinité
et du collège des Arts

Delphine
ép. Pierre **AMAT**
notaire de Mende

Claude
ép. 1° Guil. **BORN**
marchand de Mende
2° Antoine **CLAPIER**

Aldebert
Chanoine de Mende,
fondateur de la chapelle
de N.-D. *Sub soie*

Louise
ép. Etienne **ALARY**
Notaire
de Saint-Chély-d'Apcher

Catherine
ép. Noël **BERNARD**
Notaire d'Auroux

Françoise(1)
ép. Jean **MALEL**
Marchand de Mende

Antoinette
ép. Rob. **FONTUNYE**
Lieutenant du bailliage
de Gévaudan

Claude
ép. Jacques
GIRBAL
Marchand de
Marvejols

Pons
Notaire

Jeanne
ép. Antoine
MOLIN
Notaire du
Malzieu

Simon
Notaire

Etienne
Clerc
bénéficier en
la cathédrale
de Mende

Catherine
ép. Jean **CERTAIN**
Notaire de Marvejols
sieur de Montjézieu

Gaspard

Isabeau   **Valence**
ép. André de
CHANOLHET
Lieutenant gé-
néral du bailliage

Catherine
ép. Guillaume
TORRENT

Antoinette
ép. Robert de
CHANOLHET
plus tard lieutenant
général du bailliage
et syndic
du Gévaudan

Robert
ép. Antoinette
CERTAIN
sa cousine
au 8°
degré canonique

---

(1) Françoise Atger épousa en secondes noces Jean Bardou,
notaire à Mende.

Les Atger possédaient au xiv⁴ s., aux environs de Mende, le moulin Méjean, sur le Lot ; la métairie de Colobrières, sur la route de Badaroux, aujourd'hui appelée de Corsac, et de grandes propriétés situées à Chaldecoste et sur le versant du causse de Changefège compris entre le vallon de Rieucros et le Lot. Pierre Atger arrondit l'héritage paternel par l'acquisition des prés de Jordan et de Lambrandès — plus tard légués à ses collèges — séparés par le fleuve des possessions de sa famille et contigus à l'ouest, sur la rive gauche du Lot, au pré dit encore aujourd'hui *pré du Chapitre*. A Mende les Atger étaient inscrits sur les livres de tailles au pan de Champnau ; en 1538, Catherine Delmond, veuve d'Etienne Atger, léguait à ses filles une maison sise au pan du Chastel « ..... sur la rue publique partant de la fontayne Nostre-Dame à la bocherie » (6) (auj. place du Mazel). D'autre part nous savons qu'il existait sur les remparts de Mende une tour dite *de Fresquet* qui, détruite lors de la construction du bâtiment des Doctrinaires, en marquait une des extrémités. La situation, sur les confins des pans du Chastel et de Champnau des maisons des Atger, nous fait supposer que la tour de Fresquet, tirant son nom de leur voisinage, s'élevait à l'extrémité ouest du collège, et par suite la tour de Groussi à l'extrémité est (7).

II

Le cachet des Doctrinaires

Nous devons à l'obligeance d'un aimable érudit et antiquaire, M. Moré de Préviala, communication du cachet des Doctrinaires. En voici la description :

Cachet oval. Croix latine sur un piédestal de trois marches. Au centre de la croix, la couronne d'épines. De l'extrémité du bras senestre au pied de la croix, un bâton portant l'éponge. De l'extrémité du bras dextre au pied de la croix, une lance. En exergue l'inscription : COLL. ET SEMINAR. MIMAT. PP. DOCTR. XX.E.

---

(6) Arch. départ. série E. non cotée.
(7) V. *supra* p. 16.

Pièces justificatives

I

INSTALLATION DES PREMIERS RÉGENTS DU COLLÈGE
(20 novembre 1556)

Maistres [Jehan Curius, Pierre Macier, Francoys
Rebuffi], presentez par les consulz de Mende pour
estre a regir le colliege des arz, novellement erigé en
la presente ville de Mende, de la fundation faicte par
feu Monsieur Pierre Atgier, en son vivant chanoine
de Mende, endoctriner et apprandre la jeunesse et
tous ceulx qui se presenteront pour recepvoir enseignement et doctrine es lettres humaines et tout aultre
bon scavoir, ont promis et juré sur les Evangilles de
Dieu, de leurs mains tochées respectivement, de enseigner et endoctriner leurs escoliers selon leur capacité et ainsin qu'il leur conviendra et verront estre
profitable pour l'instruction desdictes lettres humaines et, ce faisant, qu'ilz ne leur liront libres ne œuvres quelquonques plubiquement ou secretement ne
aultrement, leur bailhieront ou permectront que leur
soet dit ne bailhié doctrine que ne soet catholique, non
contrevenantz a la determination des sainctz decretz,
consilles generaulx et foy de l'esglize catholique apos-

tolique ; et a ces fins ont juré aussi de ne lire libres ou œuvres quelquonques·plubiquement ou indirectement que premierement ne les ayet presantez et faict voer a Monseigneur de Mende ou a son vicaire.

Puys ont esté receuz et ont juré, touchant ung livre, comme est contenu a l'article, pour cinq ans.

ARCH. DÉPART. Série E.
(Registre de Pierre Torrent, notaire ; f° 313).

I I

CONTRAT DE RÉGENCE
(30 Juillet 1568)

L'an mil cinq cens soixante-huict et le trentiesme jour du mois de juillet, regnant tres crestien prince Charles, par la grace de Dieu roy de France, establi en personne monsieur Pierre Truphi, seigneur du Roget, licencié ez droitz, œconome et regent de la temporalité de l'evesché de Mende et vicaire dudict evesché, assisté de nobles et venerables personnes Messieurs Jehan Boniol, aussi licencié ez droictz, prevost, Raimond Claustre, baille du venerable chapitre de l'esglise cathedrale dudict Mende, chanoines d'icelle esglise, Claude Achard, licencié ez droitz, Jehan Garcin, marchant, Vidal Rochebaron, consuls, François Dumas, Jehan Malzac, licenciez ez droictz, Vidal Chevalier, notaire, conseilliers de la ville de

Mende ; lesquels de leur bon gré, a l'assistance que dessus, ont baillé la regence principale, charge et maistrise principale des escolles et colliege de ladite ville de Mende, pour trois années consécutives que commenceront demain, le premier jour d'aoust prochain, et semblable jour finissans, trois années révolues, et ce a Monsieur maistre Guillaume Tousseria, maistre aulx artz, natif du lieu de Gabarret, diocèse d'Auch en Gascoigne, aulx pactes et conditions que s'ensuivent. Premierement, que ledict de Tousseria, regent, aura deux coadjuteurs soubz luy, gens capables en sçavoir et bonnes meurs et de religion catholique ; plus sera tenu lire et faire lire aulx escoliers et leur faire lectures selon la capacité d'iceulx, et leur satisfaire a leur contentement, et d'iceulx messieurs et de la ville ; plus ledict regent ne pourra prendre aulcuns gaitges ni salaire des escoliers, enfans de ladicte ville, pendant lesdictes trois années ; plus a esté accordé que les enfans de ladite ville, qui seront ses pensionnaires a sa table, seront preferés et auront le choix des lieulx plus commodes des aultres chambres des maisons dudict colliège pour mectre leurs lictz ; et pourra lever de chascun des escoliers, tant de la ville que estrangiers, les collectes, qu'est de chascun vingt deniers tournois, une fois l'an, entre les festes de Sainct Catherine et Sainct Nicolas, oultre aultre salaire et commodité que pourra recouvrer des estrangiers Et aura ledict regent, chascune année, quatre cens livres tournois, tous les ans, pour ses gaitges ; desquelles sera tenu accorder de salaire avec ses deux coadjuteurs, et tous trois tenus manger et boyre en une table et couchier

dans lé colliege ; a prendre trois cens livres tournois
sur MM. du Chapitre de l'eglise cathedrale de Mende
ou leur recepveur, en deux paiemens, soit la somme
de cent cinquante livres tournois a chascune feste de
Toussainctz, et cent cinquante livres tournois a Pas-
ques ; et les autres cent livres tournois a prendre sur
les collegiez de la Trinité, suyvant la fondation faicte
par M. Atgier, paiables la moitié a la feste de St-Johan
et l'autre moitié a Toussainctz ; et aultrement suyvant
la fondation. Et, pour ce faire, lesdicts MM. prévost
et Claustre, baille du Chapitre, pour la part du Chapitre, suyvant la transaction faite avec la ville, ont
obligé les biens dudict Chapitre ; et lesdictz MM. les
consuls, avec le conseil desdictz MM. conseillers,
pour faire paier la somme due par ledict colliege, ont
obligé les biens de la ville, suyvant leur fondation ;
et ledict sieur regent a fere ce que a promis et son
debvoir, a obligé ses biens aulx rigueurs des coûrs,
ordinaire de Mende, commune de Givauldan et aultres, par lesquelles ont volu estre constrainctz a tenir
tout ce dessus, suyvant le stile et rigueurs desdites
Cours, l'une par prevention n'empeschant l'aultre.
Et ainsi l'ont promis et juré sur les saintz euvangiles,
avec toute renonciation de droict et faict a ce necess-
saire ; et de ce ont requis acte a moy, notaire royal
soubsigné. Faict a Mende a la sale haulte des maisons
episcopales, ez presences de maistre Anthoine Pon-
sonailles, clerc ; Monsieur Jean Baseles, docteur ez
droictz, juge de Marvejols ; Bertrand Grimal, prati-
cien, et moy notaire royal soubsigné.

ARCH. DÉPART. Série E.
Registre de M' Torrent, notaire. Année 1568.
(d'après l'*Annuaire de la Lozère*, 1887)

I I I

Contrat d'établissement des Carmes (1629)

Comme ainsi soit que tres reverand pere en Dieu, Messire Silvestre de Marcillac, evesque et seigneur de Mende, comte de Gevaudan, conseiller du roy en ses conseils d'Estat et privé, continuant les soingz ordinairesque son zelle luy faict prendre journellement pour le bien et utillité de ses diocezains, notamment dé la ville de Mende en laquelle sur toutes choses il desire que Dieu soit servy le plus dignement qu'il se pourra, eust ces jours passés attiré et faict venir en icelle certain nombre de religieulx carmes reformez pour les establir en l'ancien couvent dudict ordre qui est en ladicte ville et mettre en chemin ceulx qui s'y trouvent de se conformer a la mesme regle et institut des premiers, voulant encores oultre cela retirer de ce bon œuvre ung fruict particulier en faveur de la jeunesse de sadicte ville, auroit proposé au conseil d'icelle, assemblé en corps devant Sa Grandeur en son palais episcopal, auquel estoient presans Messieurs les bailles du venerable chappitre de son esglise, de bailler ausdictz reverendz peres Carmes reformez la charge et conduitte du college des artz, estimant qu'il sera mieulx regi et gouverné par eulx qu'il n'a esté cy devant et qu'oultre l'institution aux bonnes lectres et aux meurs, esquelles les enfans pourront mieulx profiter avec eulx que soubz des regentz passaigers, ilz seront eslevez et bien instruictz ez principes de la religion catholique, apostolique et romaine par la lecture des catechismes et autres exercices spirituelz qu'ilz fairont pratiquer audict college, dont le publiq recepvra satisfaction et contantement. Et ayant la proposition de mondict Seigneur esté receue avec l'honneur et respect deub par ladicte assemblée, pour l'utilité esvidante qu'elle contient, tous unanimement, apres luy avoir randu graces de ce bienfaict, l'auroient supplié d'en faire traicter avec lesdictz religieux, avec resolution de se conformer en tout a ce qu'il accorderoit avec eulx. Et ensuitte les ouvertures ayant esté faictes et certains articles dressez contenans les conditions dont l'on avoit a convenir, que mondict Seigneur a expozées tant verballement que par escript a deux reverendz peres dudict ordre, pour les communiquer a tous les autres religieux, prieur et couvent, qui les ont acceptés, ne restant a present autre chose que de les mettre a execution par ung contract qui oblige les parties a faire ce que chascun promet de son costé. A cause de quoy auroit esté aussy accordé que pour la nourriture et entretenement desdictz troys regentz leur sera payé la somme de six cens livres tournois, qui sera prinse tant de Messieurs dudict chappitre de ce qu'ilz sont obligez de payer pour la prebande preceptorialle que du corps de ladicte ville, de Messieurs les collegiatz du college de la Saincte Trinité fondé en icelle quy y sont obligez par leur fondation ; ce que lesdictz sieurs consulz seront tenus de moyenner et d'en faire faire les payementz annuellement a quatre quartiers de troys en troys moys ; et moyenant ce ne pourront lesdictz religieux exiger des escholiers autre chose pour salaire ny autrement. Et affin, qu'a l'advenir ledict college soit d'aultant plus fleurissant, mondict seigneur a promis et promet ausdictz reverandz peres religieux, en faveur du païs et particullierement de ladicte ville, d'unir a leur convent, lorsque la commodité s'en offrira, ung ou deux benefices de la valleur de six cens livres, a condition toutesfoys que moyenant ladicte union et augmentation desdictz gaiges ou telle autre que mondict seigneur y pourra faire venir par autres voyes et moyens, lesdictz peres Carmes seront obligez et s'obligent d'avoir et entretenir troys aultres regentz, oultre les troys susdictz, qui enseigneront la rhetorique ou telles aultres facultez que mondict seigneur et messieurs dudict chappitre et de la ville verront bon estre. De mesmes a esté convenu qu'au cas lesdictz reverandz peres feront rebastir leur couvent hors de la presente ville, au lieu ou il estoit anciennement ou ailheurs, sera pourveu aux despans du pays, s'il se peult, ou de la ville ou aultrement, a la construction d'ung college ayant six classes et aultres choses necessaires, le plus proche qu'il se pourra dudict couvent ; pourront cependant lesdictz peres se servir des chambres basses et aultes de la maison commune de ladicte ville, pour y estre faictes par les regentz qui seront establys les lectures et aultres exercices accoustumez pour l'instruction et advancement des escholiers qui estudieront et frequanteront audict college. Comme aussy lesdictz peres ont promis qu'ilz feront tout ce qu'il sera possible pour y employer des regentz de la capacité requise pour l'instruction de la jeunesse, tant aux bonnes lettres qu'en la picté et devotion, et les soubzmettront a l'examen de telles personnes que mondict seignur et ses successeurs agreeront. Et pour l'observation de ce dessus lesdictes parties ont obligez et ypothequez, savoir lesdictz reverandz pères les biens de leurdict couvent et lesdictz consulz ceulx de ladicte ville, qu'ont soubzmis aux rigueurs des cours de leur ordinaire bailliage de Gevaudan, seneschal et conventions de Beaucaire et Nismes.

Faict acte de requisition ce jourd'hui a Messieurs Pierre Enfruc et Jean de Langlade, chanoines et bailles dudict venerable chappitre, de voulloir assister et prester leur consantement a la passation dudict contract, qui ont faict responce qu'ilz n'ont aulcune charge de ce faire de leurs confreres. Nonobstant laquelle, pour ne differer plus longuement l'execution d'ung si bon œuvre, mondict seigneur a trouvé bon de passer oultre en la forme que s'ensuiet.

Cejourd'huy, vingt sixieme du mois de decembre mil six cens vingtneuf, neuf de matin, regnant tres chrestien prince Louys, par la grace de Dieu roy de France et de Navarre, par devant moy, notaire royal soubsigné, presans les tesmoingz bas nommez, ont esté en leurs personnes ledict seigneur reverendissime Mgr Silvestre de Marcillac, evesque de Mende, noble Louys de Retz de Bressolles, sieur de Villerousset, Jean Galtier et Raymond Montialoux marchandz, premier, second et tiers consulz, maistre Gibert Bayssene, notaire royal, procureur de ladicte ville, assistez de Messieurs les officiers, aultres Messieurs du Conseil de la maison consulaire soubsignés, d'une part, et reverendz peres frere Ange Leblanc, commissaire

provincial, dudict ordre pour l'introduction de la ref-
forme audict couvent de Mende, André Boutier, prieur esleu dudict couvent, Jean Conbe vicaire, Estien-
ne Michel procureur, Jean Avon, Jacques Garnier,
docteur en théologie, Michel Hermantier, tous religieulx proffez dudict ordre et conventuelz dudict couvent et faisant pour et au nom d'icelluy, avec promesse
de faire ratiffier ces presentes en leur chappitre gene-
ral de leur province, d'autre. Lesquelles partyes par
mutuelle stipullation ont sur le faict dudict college
convenu et accordé les pactes et conventions que s'en-
suyvent : c'est que mondict seigneur et lesdietz sieurs
consulz, assistez comme dessus, ont baillé et remis
entierement auxdietz religieulx la charge et direction
du colliege de ladicte ville, pour y estre la jeunesse
d'icelle, ensamble du pays et aultres lieulx circonvoi-
sins, instruietz et eslevez par le mesme ordre et discipline qu'on observe aux aultres colleges, mesmes en
ceulx des reverandz peres Jesuites ; auquel college
lesdietz reverendz religieulx, qui en ont accepté la
charge et promis de s'en acquitter le plus dignement
qu'il leur sera possible, seront tenus d'y faire troys
classes qui respondent aux troysiesme, quatriesme
et cinquiesme des reverandz peres Jesuistes, et ce par
troys religieulx de leur ordre qui commenceront de
faire les leçons au temps que leur sera marqué par
mondict seigneur, qui leur permet qu'arrivant difficulté de recouvrer de religieulx audict effect ilz y pourront mettre ung seculier capable a la place pour l'une
desdictes classes et pratiquer cela tant seullement
lorsqu'il ne pourra estre faict aultrement..... Faict et
recité dans la sale du palais episcopal audict Mende,

presans Monsieur Pierre Esparbier, docteur en theologie, official dudict Mende, et M. Jean Durand, aussy docteur, aulmosnier de mondict seigneur, soubsignés avec les parties et moy, Antoine Destrictis, notaire royal soubsigné.

ARCH. DÉPART. G. 1025, n° 4.
(Copie de janvier 1630)

IV

PROGRAMME D'UNE REPRÉSENTATION THÉATRALE
(1678)

I. BETIS OU LA PRISE DE GAZE

ACTEURS DE LA TRAGÉDIE

Prologue,	ETIENNE DE BELLEFON DE LA FARE-TORNAC,	d'Alais.
Bétis, gouverneur de Gaze,	DOMINIQUE ROBIN,	de Mende.
Ternuis, général des troupes,	VITAL NOURRI,	de Mende.
Maxime, major général,	ETIENNE DE BELLEFON,	d'Alais.
Hermond, major de Gaze,	LAURENS ANTOINE,	de Mende.
Pharnax, premier colonel,	SILVESTRE HOURS,	de Chanac.
Alexandre,	GUILLAUME BUISSON,	de Mende.
Ephestion, commandant,	CHARLES DE VILARET,	de Mende.
Cratère, députés pour sommer	JOSEPH CAILAR	de Mende.
Philon, Bétis de se rendre.	ANTOINE LOUIS.	de Mende.
Un page de Bétis,	MICHEL ANTOINE,	de Mende.

La scène est à Gaze, dans la Palestine.

II. ENTR'ACTES

La matière des entr'actes sera une fête solennelle que les Muses célèbreront pour témoigner leur recon-

naissance et leur zèle à leur bien-faiteur et faire éclater pleinement la joye qu'elles reçoivent de ce nouveau
Parnasse, que Sa Grandeur leur fait élever avec
pompe ; le Génie de la Ville et Celuy du Collège en
feront l'ouverture.

ACTEURS DES ENTR'ACTES

Génie de la Ville,	ANTOINE LOUIS,	de Mende.
Génie du collège,	JOSEPH CAILAR,	de Mende.
Melpoméne,	AMABLE DE CHAUVIGNI,	de St Agoulin.
Euterpe,	SILVESTRE MONTET,	de Mende.
Erate,	LOUIS BRUN,	de Mende.
Clion,	MARC BAUDRET,	de Mende.
Terpsicore,	ANTOINE BERINGER.	du Bleimar.
Talie,	ALEXANDRE MEFFRE,	de Mende.

III. LE GASCON CONFONDV

Comme nous n'avons pas moins eu pour but de
plaire que de signaler notre zèle, nous avons crû que
la diversité du stile et de la matière ne nous seroit pas
inutile pour cette heureuse fin ; c'est aussi ce qui
nous a porté à joindre le comique au sérieux et à vous
représenter en peu de mots les plaisantes saillies du
plus lâche et du plus fanfaron des hommes, que nous
avons appelé le Gascon confondu, puisqu'en effet le
tout n'est qu'un enchaînement d'accidens qui le cou-
vrent partout de honte, et qui font connoître d'autant
mieux la lâcheté de son cœur que ses vaines incarta-
des font plus vivement éclater les ridicules saillies de
son esprit.

ACTEURS DE LA COMÉDIE

Nomeur, gentilhomme Bas-Breton, JEAN HILAIRE, de Langogne.
La Fleur, Gascon confondu, LAURENS ANTOINE, de Mende.
Alemand, gentilhomme provençal, JEAN JACQUES, d'Hispagnac.
Gourgoulon, valet d'Alemand, PIERRE COMITIS, de St-Enymie.
Garguille, valet, VITAL NOURRI, de Mende.
Grecelin, valet, JOSEPH CAILAR, de Mende.
Païsan, DOMINIQUE ROBIN, de Mende.

ARCH. DÉPART. G. 1029.

V

MONITOIRE RELATIF AU SACCAGE DU COUVENT
DES CORDELIERS
(12 août 1718)

Officialis Mimatensis dilecto nostro rectori parrochialis ecclesie sanctorum Gervasii et Protasii civitatis et diœcesis Mimatensis aut ejus vicariis salutem in Domino.

Scavoir faisons que sur la complainte faite à Dieu et à notre Mère Sainte Eglise, de la part de Mr le Procureur Général du Roy au Parlement de Toulouse, disant que des violences et voyes de fait ayant été commises dans le convent des frères mineurs conventuels de la ville de Mende, la nuit du 25 au 26 du mois de juin dernier, par certains quidans, gens mal intentionnés, il ne peut agir contre eux faute de preuve, luy ayant été permis de se pourvoir des lettres de monitoire par nosseigneurs dudit Parlement, par ordonnance du 6 juillet dernier, nous luy avons accordé les présentes, que nous vous mandons de lire et publier aux prônes de vos messes paroissialles les trois premiers dimanches consécutifs et d'admonester de notre part et authorité les coupables, complices et adhérans malfaiteurs et ceux qui ont connaissance du tout ou en partie des faits y contenus, pour l'avoir veu sçu, entendu, ouï dire, consenti, donné avis, aide ou conseil, de satisfaire l'impétrant et réveller tout ce qu'ils en sçavent sur peine d'excommunication que nous déclarerons encourue contre ceux qui n'auront pas satisfait ny revellé dans trois jours après la troisieme monition a celuy qui publiera les presentes.

Premierement, contre toutes personnes qui sçavent, pour l'avoir veu, ouï dire ou autrement, que la nuit du 25 au 26 du mois de juin dernier, certains personnages attroupés, armés d'épées, pistolets, sabres, haches et gros batons furent au couvent des Frères mineurs conventuels de Saint François de la ville de Mende, où certains d'yceux ayant escaladé une muraille d'environ trois cannes d'hauteur, à la faveur d'une grosse poutre qu'ils dressèrent contre cette muraille, ils furent à un balcon auquel il y avoit environ quatre vingt vases garnis de fleurs que lesdits personnages brisèrent et mirent en pièces.

Item, contre toutes personnes qui sçavent comme dessus pour avoir veu, ouï dire ou autrement, que lesdits personnages furent ensemble dans l'enclos desdits Frères Mineurs où ils coupèrent de force plusieurs jeunes arbres chargés de fruit et en coupèrent aussi d'autres a coup de sabres et de haches, en écorcèrent quantité d'autres et firent avec des gros bâtons tomber le fruit de la plupart des autres qui échapèrent à leur rage.

Item contre toutes personnes qui scavent comme dessus pour avoir veu, ouï dire ou autrement, que les dits personnages furent ensuite le long d'une galerie qui fait face audit enclos d'ou ils brisèrent et fracassèrent les vitres et contre toutes personnes qui ont baillé et prêté les instruments dont lesdits personnages se sont servis pour venir a bout de leur mauvaise entreprise et qui refusent d'en révellercolor la vérité.

Item contre toutes personnes qui scavent comme dessus que le lendemain de cette mauvaise action et autres jours d'après, auroient veu, ouï dire ou autrement que certains desdits personnages auroient blanchis leurs souliers dans la chaux dissous au dehors dudit convent en transportant la poutre au pied dudit balcon.

Item contre toutes personnes qui scavent pour avoir veu, ouï dire ou autrement, que lesdits personnages se seroient attroupez le jour auparavant l'action pour souper ensemble dans une maison pour se disposer a éxécuter leur pernitieux dessein.

Item contre toutes personnes qui scavent comme dessus que lesditz personnages ou partie d'iceux se sont du depuis aplaudis et ventés de cette action téméraire.

Et finalement contre toutes personnes qui sçauront comme dessus que lesdits personnages ont dit en plusieurs endroits que si on faisoit des procédures contre eux ils mettroient le feu au couvent et a l'église et tueraient ceux qui feroient cette poursuite.

Datum Mimati, sub signo nostro et secretarii, sigilloque curie nostre, anno Domini millesimo septingentesimo decimo octavo, die vero duodecima mensis augusti.

De Guillebert, *officialis.*

V I

Dépositions faites sur le contenu du monitoire précédent (Septembre 1718)

Du lundy douzieme septembre mil sept cent dix huit s^r Jean Viallar, habitant de la ville de Mende, âgé, comme a dit, de vingt deux ans, nous a révélé avoir ouï dire de la demoiselle Lacour, épouse du sieur Lacour, peintre de ladite ville, que les auteurs des violences en question étoient des écoliers, acteurs de la dernière comédie jouée dans le collège des Pères Doctrinaires de ladite ville, qu'elle lui dit scavoir ; a dit de plus avoir ouy dire à s^r Claude Compeiron, fils, de ladite ville, que l'un des fils à M. Laurans, advocat de ladite ville, étoit fort embarassé et qu'il s'appelloit Antoine Laurens. Et a signé sa révélation : VIALA.

De treizieme septembre mil sept cens dix huit, s^r Claude Compeiron, de la ville de Mende, âgé d'environ dix huit ans, a révélé sur ledit monitoire avoir ouï dire à s^r Jean Baptiste Gazanhe, clerc tonsuré de ladite ville, que le nommé Renouard, écolier du lieu de Lauber, demeurant en la maison dudit Gazanhe, lors des violences n'avoit point couché dans ladite maison et qu'il avoit emprunté le soir de la nuit que se fit le désordre un sabre ; et plus n'a dit. Et a signé sa révélation : COMPERON.

Du mardi treizieme septembre mil sept cens dix huit, M. Jean Louis, bénéficier de l'église cathédrale de la ville de Mende, âgé de vingt deux ans, comme a dit, nous a révélé touchant le susdit monitoire avoir ouï dire à M. Daudé, clerc tonsuré de ladite ville, qu'un enfant de M. Laurens, advocat de ladite ville, un autre de M. de Bellesaigne, ballif de ladite ville, et un autre écolier, nommé, à ce qu'il croit, Ségala, s'etoient trouvés à l'action en question passée chez les RR. PP. Cordeliers, et plusieurs autres du nom desquels il ne se souvient pas, et que le nommé Gibert, palefrenier de l'évéché, leur avoit prêté un sabre et que l'un desdits autheurs se seroit informé de la servente de M. Harlet, le soir de ladite action, si elle avoit veu quelqu'un dans le chemin y allant ou en revenant. A dit de plus avoir ouï dire à M. Blanquet, médecin de ladite ville, qu'il avoit ouï dire et nommer ceux qui etoient coupables de ladicte action et qu'il avoit aussi ouï dire au sr Daudé qu'ils avoient soupé ensemble le même soir. Et a signé sa révélation : Louis.

Du lundi dix neuvieme septembre mil sept cens dix huit, Elizabeth Renouard, veufve de Louis Cros, habitante de la ville de Mende, âgée d'environ soixante dix ans, a révélé sur ledit monitoire, pour la descharge de sa conscience, avoir ouï dire à la nommée Margot, femme du nommé Joseph, voiturier, que son neveu, fils à sr Bon, de ladite ville, avoit quitté à la place les autheurs coupables de l'action en question passée chez lesdits RR.PP. Cordeliers ; et plus n'a dit. Et, requise de signer sa révélation, a dit ne scavoir à nousdit curé, soussigné : MARTINEAU, curé.

ARCH. DÉPART., II. 236, n° 5.

VII

Affiche annonçant un exercice public a l'occasion de la rentrée des classes (1743)

D. O. M.

PRO SOLENNI STUDIORUM INSTAURATIONE
DIE 20ᵃ NOVEMBRIS AN. M. DCC. XLIII
HORA TERTIA POMERIDIANA

IN COLLEGIO MIMATENSI

PATRUM DOCTRINÆ CHRISTIANÆ

ORATOR PRÆDICABIT

LUDOVICUM IN SUSCIPIENDO BELLO MAGNUM
IN GERENDO MAXIMUM, IN CONFICIENDO MAJOREM.

DIE SEQENTI, EADEM HORA

PHILOSOPHUS OSTENDET

NULLIUS JURANDUM IN VERBA MAGISTRI

HUMANISTA,

QUAM FORET HOMINI VOLARE COMMODUM

GRAMMATICUS,

QUAM FORET INCOMMODUM DISSERET

MIMATI
Apud FRANCISCUM BERGERON, Typographum Regis ac Illustrissimi
D. Domini Episcopi, Cleri nec-non Collegii.

VII

Projet de création dans le collège d'un établissement pour les garçons analogue a celui de l'Union Chrétienne
(1764)

« ..... Après avoir pourvu à l'instruction de la jeunesse du diocèse en général, l'on pourroit le faire à celle des nouveaux convertis en particulier, et, sur le surplus des revenus, former chez les Pères de la Doctrine Chrétienne, en faveur des jeunes gens enfans de nouveaux convertis des Cevènes, un établissement pareil à celuy qui a été formé à Mende depuis quelques années par les soins et les libéralités de M. de Choiseul, actuellement évêque de Mende, pour les jeunes filles issues de parents protestants chez les Dames de l'Union Chrétienne de cette ville.

Cette communauté, que M. de Choiseul a fondée, bâtie et presque entièrement dotée (1), a été approu-

---

(1) Ceci n'est pas exact. Dès 1695 en effet, Mlle Anne de Lescure de St-Denis, de sa propre initiative, commença a recueillir chez elle, à Mende, les filles des nouveaux convertis des Cévennes, pour les instruire et les affermir dans la religion catholique. Ses efforts furent secondés par Mgr de Piencourt, par Mgr Baglion de la Salle, par M. Pierre Chastang, lieutenant principal au bailliage et syndic du pays de Gévaudan qui lui légua en 1711 une maison sise à Mende, au pan d'Auriac, et 5.900 l., par le fameux inspecteur des missions, l'abbé François

vée par des lettres patentes obtenues de Sa Majesté en 1736, duement enregistrées à la souveraine Cour de Parlement. Elle est uniquement destinée à recevoir instruire, nourrir et entretenir gratuitement des filles des nouveaux convertis des Cevènes que M. l'Evêque de Mende y envoye et dont il règle le nombre sur le revenu dont cette maison jouit. Elle n'est que l'administresse de ces revenus et en rend compte tous les ans à M. l'Evêque, par chapitres de recette et de dépense, dans laquelle elle employe la nourriture et l'entretien qu'elle a fourni gratuitement à ces jeune filles. Cette nourriture et entretien gratuits déterminent les parents à envoyer leurs enfans dans cette communauté, parce qu'ils se trouvent par là déchargés pendant plusieurs années du soin de leur subsistance et de leur entretien ; ils s'y portent d'autant plus volontiers que la plupart d'entre eux ne sont point dans l'aisance et que les habitans des Cevènes sont pauvres en général. L'on a le plus grand soin de bien ins-

---

de Langlade du Chayla, par le curé de Mende, M. Martineau. L'œuvre prit ainsi peu à peu de l'extension et, en 1720, en s'associant à Mlle de Saint Denis et en apportant chacune à l'association leur contribution pécuniaire, Mlles Marguerite Catillon et Rose Brajon et Mme Madeleine Levolle d'Aubin, fondaient l'*Union Chrétienne*, communauté de dames séculières, dont l'existence fut officiellement confirmée par des lettres-patentes de novembre 1724. D'autres bienfaiteurs, parmi lesquels l'archiprêtre des Cévennes, curé de Florac, Hilaire Comte, Mgr de Choiseul, Pierre Pelletier, curé du Collet-de-Dèze, et le prieur d'Ispagnac, Antoine Lefèvre, assurèrent le succès de l'établissement qui, vers 1739, fut transféré du pan d'Aurlac au fauboug de Briteste, sur la route de Badaroux, où il subsiste encore. (V. Arch. départ. II. 376 à 400).

truire ces jeunes filles des vérités de la relligion et de
les faire revenir des préventions qu'on leur a inspiré
dans leur famille ; on leur apprend à travailler, on
donne à chacune une éducation proportionnée à son
état. On ne les renvoye qu'après avoir resté dans cette
maison pendant plusieurs années, qu'elles sont bien
instruites et qu'elles paroissent bien affermies dans la
foy ; l'on prend de si grandes précautions pour s'en
assurer qu'il est rarement arrivé qu'après être retour-
nées dans leur famille quelqu'une d'elles soit revenue
à ses premières erreurs ; elles se soutiennent au contraire dans les bons sentimens qui leur ont été inspirés. Lorsqu'elles se retirent de chez les Dames de
l'Union, ces Dames ont soin de placer dans des maisons catholiques celles qui par leur état doivent entrer
en condition ; d'autres se marient avec des catholiques,
deviennent de bonnes mères de famille et élèvent leurs
enfans dans de bons principes. L'on s'apperçoit que
depuis bien des années le nombre des catholiques
augmente de jour en jour dans les Cévennes, jusque
là que sur certaines paroisses, dont tous les habitans
étoient anciennement protestants, plus de la moitié
sont rentrés dans le sein de l'Eglise. L'on croit pouvoir assurer avec vérité que les instructions données
dans la maison de l'Union Chrétienne ont autant de
part à ce retour que les autres moyens dont on a fait
usage.

A l'exemple d'un établissement aussi avantageux
l'on pourroit charger les Pères de la Doctrine Chrétienne de recevoir, sur les revenus de l'ancien prieuré
du Monastier, des jeunes gens issus des nouveaux
convertis des Cevennes, de les nourrir et entretenir

gratuitement et de les bien élever dans les principes de la relligion catholique. Et, afin de les rendre dans la suite des sujets plus utiles à l'Etat, l'on pourroit encore, conformément à ce qui se pratique pour les jeunes filles chez les Dames de l'Union, charger les Pères de la Doctrine Chrétienne de faire apprendre des métiers à ceux de ces jeunes gens qui, par leur état, seroient dans le cas d'embrasser quelque art ou profession mécanique. Ils leur donneroient chez eux des maîtres pour chacune des professions connues dans ce païs; ils payeroient ces maîtres et veilleroient sur eux et sur leurs élèves. L'exécution d'un pareil projet fourniroit de nouveaux motifs aux parens d'envoyer leurs enfans chez les Pères de la Doctrine Chrétienne, puisqu'indépendamment de la nourriture et entretien qui leur seroient donnés gratuitement dans cette maison pendant plusieurs années, ils y apprendroient encore à travailler et se mettroient en état de se procurer dans la suite par eux-mêmes leur subsistance .....

ARCH. DÉPART. H. 136.
(Mémoire relatif à l'union au collège de Mende
du prieuré du Monastier).

IX

Interprétation du serment civique prêté par les Doctrinaires
(1791)

Nous supplions très instamment Messieurs de la municipalité de nous permettre de consigner à la suite du procès verbal de notre serment civique, la note qui suit ; le bien du collège sollicite cette condescendance de leur part.

Les fausses et calomnieuses interprétations que l'on a données à notre serment et dont l'effet prévu, a été de subvertir le collège, en aliénant l'esprit des élèves de leurs professeurs respectifs, nous font une indispensable nécessité de déclarer authentiquement :

1° que nous regardons le serment prêté par nous entre les mains de la municipalité, conformément au vœu de la nation et aux ordres du roi, comme purement civil, visiblement borné aux objets qui sont du ressort de la puissance temporelle et excluant, par sa nature, sans qu'il soit besoin de l'énoncer, tout ce qui concerne le spirituel de la foi, auquel nos législateurs ont eux-mème reconnu n'avoir en aucune manière le droit de toucher ;

2° qu'invariablement, inséparablement unis à l'église catholique, apostolique et romaine, nous souscrirons avec zèle, nous obéirons sans réserve à tout ce qu'elle aura *universellement* décidé, sur les points et les questions que la lutte des deux puissances a fait naître et que nous n'avons nullement la témérité de préjuger.

GUÉRIN, professeur de philosophie et préfet du collège. Mende, le 8 mai 1791.

ARCH. COMMUN. GG. 87, n° 11.

X

INSTALLATION DES PROFESSEURS DE L'ÉCOLE CENTRALE

En exécution de l'arrêté du 1ᵉʳ vendémiaire, l'Administration du Département s'étant transportée, à dix heures du matin, dans la grande salle de la maison des ci-devant Doctrinaires, où se sont aussi rendus, sur l'invitation qui leur en avoit été faite, les les Membres des Tribunaux Civil et Criminel, l'Administration Municipale de la Commune de Mende, les Commissaires du Directoire Exécutif auprès des différentes Autorités Constituées, les Membres du Jury d'Instruction publique, ainsi que les Professeurs de l'Ecole centrale ; et la séance étant ouverte, le Président de l'Administration centrale a dit :

« L'Administration centrale, obligée souvent d'exercer des fonctions pénibles et rigoureuses, doit s'applaudir aujourd'hui d'être appelée à remplir un devoir aussi agréable pour elle qu'intéressant pour ses Administrés, dans l'installation de l'Ecole centrale du Département.

Si le jour où nous vîmes une Révolution, destinée dans son principe à extirper les innombrables abus d'un régime corrompu, entraîner dans sa marche rapide et dévastatrice toutes les institutions utiles, fut un jour de deuil et de larmes pour tous les hommes sensibles, pour les véritables amis de la Patrie, que celui dans lequel nous voyons l'instruction publique s'organiser, les lettres reprendre leur salutaire puissance, soit un jour de fête, et devienne pour nous le présage assuré du calme et de la paix, le gage certain du bonheur.

Jeunes gens, qui passiez de l'enfance à la puberté sans avoir reçu les premières, les indispensables notions !

Pères éclairés et sages, qui vous désoliez de voir vos enfants, ces tendres objets de votre amour et de vos espérances, privés des ressources qui vous avoient été prodiguées !

Citoyens vertueux, qui calculiez avec effroi l'influence funeste qu'auroit sur les générations futures l'absence de toute espèce d'éducation, l'anéantissement des monuments des Arts ! Cessez de gémir sur un état des choses qui n'est plus, et qui ne se reproduira jamais. La France, ce point du globe où toutes les parties des connoissances humaines avoient été cultivées avec tant de succès et de gloire, avoient été portées à un tel degré de perfection qu'elle sembloit être leur Patrie naturelle, ne pouvoit pas devenir l'habitation constante de l'ignorance et de la sottise. Etonnons-nous plutôt de ce que ces deux sœurs inséparables, avant-courrières et compagnes nécessaires des mauvaises mœurs, des vices honteux, des crimes atroces, ont osé s'y présenter un instant à notre adoration.

O honte ! les mêmes hommes qui faisoient leurs délices de Fenélon, de Rousseau, de l'aimable et savant auteur d'Anacharsis, ont su se nourrir des sales ordures du père Duchêne et du bonhomme Richard.

Les disciples de Montesquieu, de Hume, de Mabli, ont eu l'air d'abandonner leurs principes immortels pour ceux de Marat et de Robespierre : quel excès de lâcheté, de dépravation et de folie tout ensemble !

Ah ! rougissons d'avoir pu courber nos têtes sous les efforts de ces monstres, d'avoir pu sacrifier à l'impudence, au cynisme, à la grossiéreté des mœurs. Dispersons jusques aux moindres vestiges des autels qu'on avoit cherché à leur élever, et qu'on n'apperçoive plus les traces de leur éphémère existance, ni dans nos costumes, ni dans nos manières, ni dans notre langage.

C'est vous, Citoyens Professeurs, que la Patrie appelle plus particulièrement à purifier le sol Français, à dissiper le mauvais goût qui avoit fait des progrès si rapides et si allarmans, et à faire revivre parmi nous celui des beaux Arts, de la saine Littérature et de la véritable Philosophie.

. C'est vous qu'elle charge spécialement de tenir le sanctuaire des sciences constamment ouvert à tous ses enfants, et d'y entretenir le feu sacré de l'instruction.

Vous ne tromperez pas son attente ; vous répondrez à la confiance du Jury éclairé qui vous a honorés par son choix, et qui s'est acquis des nouveaux droits à l'estime et à la reconnoissance publique, par le discernement et l'impartialité qu'il a mis dans ses nominations.

Hâtez-vous de créer une génération qui puisse assurer au Peuple français la supériorité qui résulte des Lumières et des Arts. Leur empire est mille fois plus solide et plus doux que celui de la force. L'éclat que la gloire des armes répand sur une nation est passager et fait souvent gémir l'humanité. Celui que donne la Culture des Lettres est immortel. Les plus fameux Capitaines de la Grèce et de Rome sont oubliés : les Poëtes, les Orateurs, les Philosophes qu'elles ont produit sont encore, après deux mille ans, les modelles des Écrivains, les délices de tous les peuples polis.

Animés de la noble ambition de fournir avec éclat votre importante carrière, vous chercherez d'abord à vous bien pénétrer du but de votre institution. Il vous semblera, peut-être, que l'établissement d'une chaire de morale auroit dû entrer dans le plan d'organisation des Écoles centrales ; mais en approfondissant cette idée, vous penserez que cette omission n'est qu'apparente, et vous serez convaincus que le Législateur a voulu que chaque Professeur particulier y suppléât, en présentant à ses élèves les rapports qui existent entre nos connoissances positives et notre destination naturelle, sous quelque point de vue qu'on l'envisage, en leur faisant sentir, par des applications simples, heureusement choisies et que la suite des leçons amène à chaque instant, les avantages immenses, les ressources incalculables que nous pouvons en tirer dans quelques circonstances que le hasard nous ait placés.

Ainsi vous jugerez que vous êtes destinés, non-seulement à instruire, mais à former des hommes ; et qu'en même-temps que vous cultivez l'esprit, vous devez vous attacher à développer le caractère et à jeter dans les ames tendres et flexibles de vos jeunes élèves, les germes des sentiments honnêtes qui les rendront personnellement heureux, les principes des vertus qui leur assureront l'estime de leurs Concitoyens.

Nous vous confions, Citoyens Professeurs, ces intéressantes fonctions, cette honorable Magistrature, persuadés d'avance que nous n'aurons que des éloges à donner à vos efforts, et qu'il nous sera donné d'applaudir souvent à vos succès ».

Le CITOYEN CHAS, Professeur des Belles-Lettres, a pris ensuite la parole au nom de ses Collègues et a dit :

« S'il fût une époque mémorable et intéressante pour le peuple français régénéré, ce sera, sans doute, celle qui ouvre le Sanctuaire des Sciences et des Arts à tous les Citoyens de la République. Grâces en soient rendues à nos Législateurs, qu'un noble zèle enflamme pour le rétablissement des Sciences si cruellement outragées par le Vandalisme, le fléau le plus redoutable pour les connoissances humaines et le bonheur de la Société. Heureusement pour nous et nos descendants, cet affreux système de destruction et de barbarie, fruit de l'ignorance et de la férocité, qui menaçoit d'ensevelir dans le même tombeau les beaux Arts et ceux qui les cultivent, ne souille plus d'atrocités et de crimes la terre de la Liberté. Une assemblée d'hommes. sages et éclairés, jaloux de propager les lumières, s'empresse d'édifier au milieu des ruines qui nous environnent et de rendre aux talens la gloire bien méritée que la stupide ignorance leur avoit enlevée.

Vergniaud, Condorcet, Bailli, du Séjour, Lavoisier, et vous tous, qui étiez l'ornement et la gloire des Lettres et le plus ferme soutien de la République : vous, que le fer sanglant de la tyrannie a moissonnés au milieu de votre course, comme ces arbres précieux et utiles qu'une main ennemie abat sans pitié, sortez de vos tombeaux et voyez la brillante aurore des Arts s'élever sur notre horison politique et présager à la France libre une carrière de gloire qui va la rendre l'émule de Rome et d'Athènes dans leurs plus beaux jours.

Le nouvel établissement qui va se former, sous les auspices d'une Administration qui ne se distingue pas moins par sa sagesse et ses opérations que par son amour pour le bien public, et sous la direction d'un Jury dont les talens et le zèle pour tout ce qui intéresse les Sciences sont si avantageusement connus, est un des bienfaits les plus signalés de notre révolution. Il est, je crois, superflu d'en exposer les avantages en présence des Citoyens qui en sont pleinement convaincus.

En effet, est-il rien de plus utile pour un pays, que sa position coupée sur tous les points par des hautes montagnes sembloit isoler des ses voisins et privoit jusqu'ici des grandes ressources de l'instruction publique, si abondamment répandues dans beaucoup d'autres contrées plus heureuses, de réunir dans son sein tous les genres d'enseignement et de n'avoir rien à envier aux Communes les plus riches et les plus populeuses de la République ? Tous les canaux de l'instruction sont ouverts à tous les Citoyens ; chacun peut suivre la carrière qu'il veut parcourir et se livrer à l'étude de la science qui convient le mieux à son goût et à son génie.

Ici, sous un pinceau délicat et conduit par une imagination riche et animée, on apprend à reproduire les ouvrages de la nature et à la faire revivre par l'imitation des traits qui caractérisent chacune de ses productions,

. Là, on lui arrache ses secrets, et par les plus savantes combinaisons, le génie de l'homme devient lui même créateur et semble lui disputer la gloire de ses plus merveilleuses opérations. Les lois générales du monde sont connues ; les phénomènes les plus étonnants sont observés avec exactitude et leurs causes les plus cachées ne peuvent échapper à l'œil curieux et attentif de Physicien judicieux et éclairé.

Au milieu de cette multitude d'êtres variés à l'infini et répandus sur toute la surface du globe, le Naturaliste a trouvé des méthodes sures pour les distinguer, en les distribuant en différentes classes. Cette science, aussi utile qu'agréable, est pleine de charmes pour celui qui la cultive. Peut-on ouvrir les yeux sur le grand livre de la nature, sans se sentir animé du désir de connoître les qualités distinctives et les propriétés les plus remarquables des objets qui s'offrent sans cesse à nos regards ?

La science du calcul et des propriétés générales des corps, qui paroissoit hérissée de difficultés à la jeunesse, facile à rebuter, ne présente que des attraits à celui qui, enflammé du désir de s'instruire, entre avec courage dans cette vaste carrière. Chaque jour, il voit les obstacles disparoître sur ses pas et les plus heureux succès couronner son travail et son application.

Les anciens, qui ont été nos maitres, doivent être encore nos modèles. Pour les bien connoitre, il faut les étudier dans leurs ouvrages mêmes et se familiariser avec leur langue; moyen infaillible de devenir leurs imitateurs et de puiser dans ces sources fécondes les connoissances les plus précieuses.

L'Art de la parole est le premier de tous les Arts et le plus universellement utile: c'est lui qui distingue l'homme de la brute et l'élève si fort au-dessus de tous les êtres animés. Une vieille routine tenoit l'esprit de la jeunesse enchaîné par des liens que la seule ignorance avoit pu rendre respectables ; le génie entravé dans sa marche n'osoit prendre son essor ; les les plus beaux jours de la vie étoient perdus à une étude sèche et stérile des mots. Il est temps enfin de quitter cette marche routinière et aveugle et de chercher l'Art de parler et d'écrire dans l'Art de l'analyse, qui a opéré de si grands prodiges dans la recherche de la vérité. Cette nouvelle route étonnera peut-être d'abord ; mais bientôt, comme un guide sûr au milieu d'un pays inconnu, elle conduira les jeunes élèves à une Métaphysique facile qui applanira les difficultés et les introduira sans effort dans le sanctuaire des connoissances humaines.

L'Histoire est la plus belle école de politique et de morale ; on y juge avec impartialité les actions des hommes. Qu'ils ayent été bons ou méchans, élevés

sur le trône ou modestement assis dans la médio-
crité, l'histoire de leur vie, en nous offrant le tableau
de leurs vices et de leurs vertus, nous apprend a fuir
les uns et à imiter les autres. L'homme public y trouve
les règles de sa conduite politique, et le père de famille,
heureux dans sa paisible retraite, apprend à jouir de
son bonheur domestique, sans ambitionner la gloire,
souvent dangéreuse, qui accompagne les honneurs
et les emplois.

La véritable éloquence, celle qui a fait tant d'honneur aux plus fameux génies de la Grèce et de l'Italie
étoit comme bannie de nos maisons d'éducation ; et
pourquoi ? parce que nous vivions sous des Rois, et
que les Rois veulent être entourrés de flatteurs, qui en-
censent leurs passions et leurs vices, et ont grand
soin d'écarter les hommes généreux, qui aiment la Patrie avant tout et qui ont le courage de faire pâlir le
crime assis sur le trône, en présence de la vérité qui
le condamne.

Aussi avons-nous à déplorer la fatale destinée de
tant d'hommes célèbres, qui, nés avec les plus grands
talens, ont vu leur ame, enchaînée par la tyrannie,
n'oser prendre l'essor, et leur plume réduite à garder
le silence ou à se prostituer au gré de leurs maitres.

La Liberté, en secouant de nos mains flétries nos
antiques chaînes, a donné à la pensée toute son étendue et son développement ; la raison humaine, si longtemps dégradée, a repris ses droits ; la vérité, pres-
qu'étouffée sous le joug odieux du despotisme, peut
faire entendre librement sa voix en faveur de la justice
et de l'innocence opprimée, que je vois déjà se rassu-
rer et sourire à la vue des jeunes Orateurs qui vont

s'élancer dans la carrière du barreau pour la protéger et la défendre.

Des lois, aussi bisarres que multipliées, formoient un labyrinte inextricable, où le crime trouvoit un sûr appui et la vertu un écueil toujours redoutable. L'esprit le plus subtil n'osoit faire un pas, sans craindre de s'égarer, et ne trouvoit souvent, après un travail ennuyeux et pénible, qu'une foible lueur accompagnée d'incertitude et d'obscurité. Aujourd'hui un nouveau Code des Lois, uniforme et fondé sur la justice, offre à chaque Citoyen un moyen aisé de connoître les Lois qui le gouvernent. Cette étude, simple et facile, est indispensable à tout habitant d'une République, qui ne veut pas vivre étranger à ce qui doit assurer son bonheur et sa tranquillité.

Telles sont, Citoyens, les diverses branches de l'enseignement qui seront l'objet de nos leçons. Des Professeurs, animés du zèle le plus ardent pour tout ce qui peut concourir aux progrès de l'instruction, vont consacrer leurs travaux et leurs veilles à consolider ce précieux établissement. Rien ne sera épargné pour le rendre digne de la confiance publique et pour répondre aux vues sages du Jury qui les a appelés à cet honorable emploi. Mais, Citoyens, le but qu'ils se proposent seroit bien loin d'être rempli, si les pères de famille et leurs enfants ne s'empressoient de seconder leurs efforts, et de venir puiser auprès d'eux les connoissances qu'ils désirent de leur communiquer. Ils ne se sont point dissimulés les difficultés de cette grande entreprise ; mais, soutenus par l'espoir d'être utiles à leurs Concitoyens, ils ont manifesté plusieurs fois le désir d'entrer dans la carrière qui alloit s'ouvrir devant eux. Nos sages Administrateurs n'ont poin‘ laissé à leur impatience le temps de s'accroître par le délai. Persuadés qu'après six années perdues pour l'instruction il est instant de répandre les lumières et de rendre aux Sciences et aux Arts leur ancien éclat, ils se sont empressés de satisfaire les vœux des Professeurs et l'attente des Citoyens, non moins impatiens de voir les jeunes élèves accourir aux leçons publiques et réparer, par une application assidue, un temps précieux perdu pour leur éducation.

Pères et mères, vous que la nature à chargés de l'intéressant dépôt de la jeunesse, nous avons souvent entendu vos plaintes et vos regrets sur les difficultés de faire élever vos enfants ; nous les avons partagés, vos regrets, et, comme vous, nous avons eu la douleur de voir les sciences tomber dans le mépris et menacées d'une ruine entière ; mais rassurez-vous, vos allarmes vont cesser ; un Gouvernement juste et bienfaisant vous offre tous les moyens de donner à vos enfants une éducation aussi étendue que distinguée : c'est à vous d'en profiter. Que des craintes frivoles et suggérées par l'ignorance et la mauvaise foi n'arrêtent pas l'impulsion de la tendresse paternelle ! Ils vous trompent, ceux qui vous disent que cette Ecole sera une source empoisonnée d'erreurs et de mauvais principes : orner l'esprit de connoissances utiles et agréables, former le cœur à la vertu et à la saine morale, voilà la noble tâche que nous nous sommes imposés et que chacun de nous sera jaloux de remplir. Puisse un heureux succès couronner nos efforts ! ce sera la plus douce récompense de nos travaux et un puissant encouragem tt au zèle qui nous anime, pour donner à la République des Citoyens vertueux et instruits, et aux pères de famille des enfants bien élevés, qui feront leur bonheur et leur gloire. »

Après cette Proclamation, le Président a déclaré que l'Ecole centrale du Département de la Lozère étoit installée ; et la Séance a été levée à midi et demi.

Lozékan-Fressac, Président ; Reboul, Lacoste fils, Administrateurs; Serviere, Commissaire du Directoire Exécutif, et Guerin, Secrétaire en chef, signés au registre.

Arch. Départ. Série L.

XI

PROGRAMME DES COURS DE L'ÉCOLE CENTRALE

Langues Anciennes. Hermet et Meffre, professeurs.

Depuis 7 heures et demi du matin jusqu'à 9 ; et le soir depuis 2 jusqu'à trois et demi.

L'invention des langues est la plus belle, la plus précieuse découverte de l'homme ; c'est le plus digne, le plus excellent usage qu'il ait fait de son génie excité par le besoin. Leur intelligence qui fait le charme de sa société, lui sert de communication et d'introduction à toutes les sciences.

Nous sommes redevables aux langues anciennes de bien des secours qu'elles ont fourni à la nôtre ; c'est d'elles que la littérature française a emprunté et s'est approprié, en bonne partie, tout ce qu'elle a de richesse, de beauté et d'agrément. Le jury d'instruction, fortement pénétré de leur importance et convaincu en même-temps de l'insuffisance d'un seul professeur pour les enseigner avec quelque avantage, par la difficulté bien sentie de pouvoir proportionner les leçons et les mettre à portée d'un certain nombre d'élèves dont les connaissances varieront par bien des degrés, a sagement pris le parti d'en nommer deux, pour remplir cette indication.

En conséquence le cours d'enseignement des langues anciennes sera divisé, proportionnellement aux facultés des enseignés, en deux dégrés différens, qui seront annuellement alternés par les professeurs.

Dans le premier degré seront admis les commençans, ceux qui n'auraient que de légères notions des principes ou n'en sauraient faire les justes applications et ceux qui ne seraient pas encore assez rompus à l'usage des thèmes et des versions par la connaissance des auteurs les plus aisés.

Dans le second degré, ceux qui seront déjà bien formés et initiés dans tous les principes de l'objet du cours précité par l'usage des explications et traductions des auteurs qui, par la pureté et la netteté de leur style, la beauté et le charme de leur élocution, ont mérité de déterminer et fixer les règles du bon goût. Ce sera à ce degré que les élèves achèveront de se perfectionner dans les langues qui feront l'objet de leur enseignement ; qu'ils se pénètreront de leur génie et en saisiront toute la pureté et l'élégance, en ayant sans cesse sous les yeux les modèles les plus parfaits et les plus accomplis que l'antiquité nous ait transmis en ce genre.

Mathématiques. Guyot, professeur.

Depuis 9 heures du matin jusqu'à 10 et demi

Pendant l'an 5, le professeur expliquera l'arithmétique, l'algèbre, jusqu'aux équations du second degré inclusivement, la géométrie et la trigonométrie rectiligne ; il s'appesantira surtout sur les parties qui sont en usage dans le commerce de la vie ; il exposera dans le plus grand détail le calcul décimal, le nouveau système des poids et mesures, et finira par une application des principes de la géométrie élémentaire à l'arpentage et au nivellement.

La théorie générale des équations, les logarithmes, les suites, l'application de l'algèbre à la géométrie, la trigonométrie sphérique, les sections coniques, le calcul différenciel et intégral, seront l'objet des leçons de l'an 6. Pendant cette année, le professeur perfectionnera les connaissances élémentaires que ses élèves auront précédemment acquises, et fera en sorte de les mettre en état d'être admis à l'école polytechnique des travaux publics.

Physique et Chimie expérimentales. Barbut, professeur.

Depuis 10 heures et demi du matin jusqu'à midi

Exposer d'une manière simple et élémentaire les principes de la physique et de la chimie ; inspirer le goût de leur étude ; profiter de l'attrait qu'a par lui-

même tout ce qui tientà la contemplation de la nature,
et des avantages qui résultent des notions que la plupart des hommes ont acquises par l'observation journalière de ses phénomènes ; rendre les explications
palpables aux élèves, en usant de comparaisons tirées
d'objets familiers, en leur montrant, à travers un fait
très-ordinaire, la cause d'un phénomène qui leur
semblait un paradoxe ; faire succéder à la surprise
qu'il excitait en eux, celle de voir combien l'explication en est simple et facile à saisir : tel est le but que
se propose le professeur de physique et de chimie
expérimentales.

Dans un cours de deux années, il démontrera d'a-
bord les principes de la physique et de la chimie ; il
fera l'application des principes de cette dernière science
aux trois règnes de la nature ; il s'attachera principalement à faire sentir le prix des nouvelles découvertes
en chimie, pour tirer parti des productions particulières au département de la Lozère, et spécialement pour
l'amélioration des procédés qui y sont en usage dans
les arts et l'agriculture ; enfin il traitera des lois du
mouvement considéré en lui-même, ou comme sous
les mains de la nature, et considéré dans les machines ou comme sous les mains de l'art, des lois de
l'hydrostatique, envisagées dans toutes leurs dépen-
dances, de la théorie de l'air, de la nature du son et
des météores. Il terminera par un traité sur la lumière,
examinée dans sa nature, dans les lois de sa propa-
gation, dans son analogie avec le feu et dans ses rapports avec la lumière électrique.

Toutes les questions oiseuses ou métaphysiques
seront soigneusement écartées ; on ne s'attachera

qu'aux propositions susceptibles d'être démontrées par l'expérience et d'une utilité reconnue dans les arts.

GRAMMAIRE GÉNÉRALE. BOYER, professeur.

Depuis 8 heures du matin jusqu'à 9 et demi.

LE cours de grammaire générale commencera par le développement du mécanisme et des principes généraux du langage, qui doit être l'expression fidelle de la pensée. On cherchera les règles propres à rendre cette expression la plus claire, la plus précise et la plus énergique dans la langue nationale ; elles consistent à donner aux idées le meilleur ordre et à faire le choix le plus convenable des signes que fournit une langue pour les représenter. C'est pourquoi à un traité de logique, ou de l'art de raisonner, succédera un traité de l'art de la parole, ou d'énoncer le raisonnement. Dans cette dernière partie, on appliquera particulièrement les élèves à la lecture et à la prononciation, à l'écriture et à l'orthographe de la langue française. On leur mettra sous les yeux des exemples tirés des écrivains français, qui réunissent la force du raisonnement, la clarté, la pureté de l'expression et tout ce qui constitue la perfection du langage. Les mêmes principes seront appliqués à la langue latine, si elle est connue des élèves.

Belles-Lettres. Chas, professeur.

Depuis 10 heures et demi du matin jusqu'à midi.

Le domaine des belles-lettres est immense. Au milieu de cette multiplicité de connaissances qu'il embrasse, il faut savoir se borner et choisir. Or, pour le resserrer dans de justes limites, le professeur de belles-lettres commencera son cours par un abrégé du traité des tropes de *Dumarsais* ; il enseignera les préceptes de l'art oratoire et s'appliquera surtout à former le goût de ses élèves par la lecture des meilleurs morceaux d'éloquence, tirés des auteurs anciens et modernes les plus distingués et principalement de *Démosthène* et de *Cicéron* ; il aura soin de les décomposer en leur présence, pour leur faire mieux sentir l'application des règles qu'ils renferment.

Il traitera ensuite des trois genres d'éloquence: le démonstratif, le délibératif et le judiciaire ; il leur apprendra à adapter à chaque sujet le style qui lui est propre et à faire un choix judicieux des figures qui donnent le mouvement et la vie au discours.

De l'étude de l'art oratoire, il passera à celle de la poésie ; il donnera les règles générales de la versification et les règles particulières de chaque poëme, depuis la fable jusqu'à l'épopée ; il n'oubliera pas que les exemples doivent marcher à côté des préceptes ; il les puisera dans les poëtes les plus célèbres de l'antiquité, tels que *Homère*, *Virgile*, *Horace*, et dans ceux qui ont le plus illustré la littérature française.

Pour exercer l'esprit et la mémoire de ses élèves, le professeur leur donnera des matières de composition et leur fera réciter quelques morceaux choisis en vers et en prose ; ce qui servira à leur former le goût, à enrichir leur esprit et à leur communiquer les grâces extérieures qui séduisent et entraînent sans effort le suffrage de l'auditeur.

LÉGISLATION. VIMONT, professeur.

Depuis 1 heure et demi de l'après-midi jusqu'à 3 heures.

LA Constitution française appelle tous les citoyens indistinctement à l'honneur de gouverner et de juger les autres : l'ignorance des lois n'excuse personne, ni dans les tribunaux criminels, ni dans les tribunaux civils. Si ces vérités sont bien senties, elles suppléront à tout ce qu'on pourrait dire ici, pour engager ceux qui sont maitres de leur temps à suivre le cours de législation.

Il sera rempli par l'exposition des droits et des devoirs de l'homme et du citoyen, par l'explication de la constitution, celle du code des délits et des peines, et celle du code civil, s'il est décrété dans l'année. En attendant, le professeur exposera les règles et les principes concernant les transactions entre particuliers ; il fera connaitre les anciennes lois non abrogées, celles qui l'ont été et celles qu'on leur a substituées. Il s'appliquera soigneusement à rendre ce genre d'étude facile et agréable.

HISTOIRE NATURELLE. GIRARD, professeur.

Depuis 1 heure et demi de l'après-midi jusqu'à 3 heures.

LE professeur d'histoire naturelle divisera son cours en deux sections. Il dictera alternativement, de deux jours l'un : 1° un précis de l'histoire naturelle et géologique du département de la Lozère ; 2° un cours élémentaire d'histoire naturelle générale et particulière. — Dans la première section, on mettra sous les yeux des élèves les objets immédiatement utiles aux arts et aux métiers. Les minéraux, les végétaux du pays, les animaux domestiques, les matières que le commerce transporte et distribue partout, les articles les plus usuels, voilà ce qui servira aux démonstrations qui seront faites dans l'école centrale. — La seconde section présentera les principes généraux d'histoire naturelle. On considérera d'abord en eux-mêmes les êtres physiques qu'on trouve à la surface ou dans le sein de la terre, le règne animal, le règne végétal, le règne minéral. On donnera ensuite une idée des corps célestes lumineux ou opaques, du soleil, des étoiles et des planètes, — un précis d'astronomie et de géographie physique. — L'usage que les hommes ont fait des animaux, des végétaux et des minéraux, formera une histoire succincte des arts mécaniques, parmi lesquels l'agriculture et les moyens de la perfectionner doivent tenir le premier rang. — L'histoire de l'homme sera suivie : 1° de notions élémentaires d'anatomie, propres à faire connaitre l'admirable structure du corps humain ; 2° des principales règles d'hygiène qui tendent à la conservation de la santé comme à la pratique de la vertu. En traitant des quadrupèdes, des oiseaux, des poissons, des amphybies, des insectes, des vers, on s'attachera aux objets d'une utilité immédiate. Le même plan sera suivi pour la botanique, où l'on indiquera les propriétés alimentaires et les vertus médicinales des plantes, leur usage dans les arts, etc. Même marche dans l'étude de la minéralogie. — Dans le cours des leçons, le professeur nommera les Savans célèbres qui ont fait des découvertes dans les sciences naturelles et qui les ont perfectionnées par des travaux souvent immenses, à travers les plus grands dangers, quelquefois même aux dépens de leur vie. Rendre un juste hommage aux talens, c'est faire honneur à l'humanité; ce sera inspirer aux élèves de la vénération pour les bienfaiteurs des nations. Une louable curiosité s'emparera de leurs esprits ; peut-être fera-t-elle naître un jour l'émulation d'égaler et de surpasser ceux qui leur auront servi de guides. — Par-tout on présentera la nature comme le système, l'ensemble des lois qui régissent l'univers, cette puissance vive, immense, qui embrasse tout et qui, subordonnée à celle du premier être, n'a commencé d'agir que par son ordre et n'agit encore que par son concours et son consentement. La nature n'est qu'un agent secondaire qui ne crée et n'anéantit rien. Il n'appartient qu'à Dieu seul de créer ou d'anéantir ; la nature ne fait que changer, métamorphoser les corps, les décomposer, les récomposer, les renouveler ; elle a ses agens, ses ateliers, ses opérations qu'on fera connaître.

Histoire. Brun, professeur.

Depuis 3 heures de l'après-midi jusqu'à 5 heures.

Le professeur commencera son cours par des observations rapides sur l'origine, les progrès, la décadence et la ruine des différens empires ; il examinera les divers systèmes de chronologie et aura recours aux médailles pour mieux graver les faits dans la mémoire de ses élèves. Il passera ensuite à l'histoire ancienne, l'histoire moderne, la vie privée des grands hommes et s'appésantira principalement sur l'histoire de France. En parcourant les révolutions dont ce globe a été le théâtre, il s'appliquera à faire voir le vice puni, la vertu récompensée et à tirer des faits historiques des règles de conduite pour les peuples et les particuliers. Il n'oubliera pas la géographie et il aura soin de faire connaître la situation et les productions naturelles des pays dont il fera l'histoire.

Les cours de l'école centrale du département de la Lozère s'ouvriront le 15 brumaire, an 5e.

Tous les jeunes gens qui voudront les suivre se feront inscrire chez les professeurs respectifs.

Conformément à l'article III de la loi du 3 brumaire, concernant l'organisation de l'instruction publique, nul ne sera admis au cours d'histoire naturelle et de langues anciennes, s'il n'est au moins âgé de 12 ans ; à ceux de mathématiques et de physique et chimie, s'il n'est âgé de 14 ans ; enfin à ceux de grammaire générale, de belles-lettres, d'histoire et de législation, s'il n'est âgé de 16 ans.

Les professeurs suivront pour règle principale dans l'enseignement, les besoins de leurs élèves.

XII

EXERCICE PUBLIC DES ÉLÈVES DE L'ÉCOLE CENTRALE
DU DÉPARTEMENT DE LA LOZÈRE

Il aura lieu les 16 et 17 Fructidor, à deux heures après midi, dans la salle d'exercice de l'École centrale, à Mende.

DESSIN. PROFESSEUR: DEBARD

Les élèves exposeront divers Dessins de leurs études.

Ceux de la première section, *une Tête de guerrier, en buste à l'antique,* copiée d'après le Dessin composé par le Professeur.

Élèves : GUERIN, de Mende. DEBARD, du Puy. CAILHAVA, de Montpellier. DANGLES, de Mende.

Ceux de la 2ᵉ, *une Tête de Vestale,* composée par *Le Moine,* gravée par *Démarteau.*

Élèves : MOLINES, du Pont-de-Montvert. BONNACIES, de Cahors. CASTAND, de Mende.

Ceux de la 3ᵉ, *des Principes*, d'après le Dessin du Professeur.

Élèves : LAURANS, de Villefort. FABRE, de Mende. PANAFIEU, de Mende.

L'enseignement de l'Architecture, de la Carte et du Paysage sera l'objet du cours de l'année prochaine, et le Dessin de la *Figure* sera continué, même d'après nature.

HISTOIRE NATURELLE. PROFESSEUR : GIRARD.

Iᵒ Qu'est-ce que l'Histoire naturelle ? Quels sont ses avantages ? Définissez la Minéralogie, la Botanique, la Zoologie..... Qu'entendez-vous par ces mots : *Univers, Nature ?* En quoi consistent les méthodes artificielles des Naturalistes ? Quels sont les moyens de faire des progrès dans ce genre d'étude ? Indiquez les principaux agens de la Nature, ses atteliers, ses opérations.... Principe d'*Idéologie*.... Apperçu d'*Astronomie*.

IIᵒ Caractères des substances inorganiques et des substances organiques, des minéraux, des végétaux, des animaux. Classes des fossiles. Ordres des terres et pierres, des sels, des corps inflammables, des demi-métaux et des métaux. Démonstrations. Echantillons de quelques mines de la Lozère. Remarques sur l'emploi de quelques métaux..... Notice des volcans, exemples de leurs produits. Propriétés de la pouzolane. Terres et eaux les plus favorables à l'Agriculture.

III° Définition des arts utiles. Indication des principaux de ces arts. De quoi se composent la poudre à canon, le savon, le mortier, la brique, la fayanse, la porcelaine, le verre ? Notion de quelques instrumens de *Physique*, du microscope, du télescope, du prisme, du thermomètre, de la boussole. Noms et pays de quelques inventeurs ou célèbres Naturalistes.

IV° Qu'est-ce que la plante ? Quelles sont ses principales parties et leur usage ? Circulation de la sève. Expérience de *Duhamel*. Organes de la fécondation. Division des végétaux relativement à leur sexe, à leur grandeur, à leur climat, à la durée de leur vie. Système de *Linnæus*..... Principes généraux de la végétation. La terre y contribue moins que l'eau. Expérience de *Van-Ftelmont*. Comment les plantes purifient l'air de l'atmosphère. Classes des plantes d'après la méthode de *Tournefort*. Nombre des végétaux connus : quels sont ceux dont l'étude mérite la préférence ? De combien de manières les plantes peuvent-elles se multiplier ? Définition de la greffe et ses espèces. Pourquoi les fleurs doubles ne produisent pas de graines. Culture de six sortes de jardins.

Répondront : Théodore REBOUL, Joseph TUZET, Jean-Baptiste FONTIBUS-DUPRAT, de Mende.

LANGUES ANCIENNES. PROFESSEUR : MEFFRE

Ce cours a compté trois sections. Les élèves des deux plus avancées seulement, paraîtront à l'Exercice, dont les articles suivants seront la matière.

2ᵉ Section

Les mots dont se compose la Langue Latine.... Le nom... Le pronom et ses espèces... Le verbe... Les différentes sortes de verbes... Ce qu'il faut entendre par temps, modes et voix .. Caractère distinctif des verbes neutres passifs, communs, défectueux... Remarques sur les gérondifs et les supins... Racines du verbe... Verbes auxiliaires... Le participe... La préposition... L'adverbe... L'adverbe comparé à la préposition.

Livres latins à expliquer : *Selectæ è veteri ; Fabulæ Phædri.*

Les élèves déclameront à la suite de chaque fable de *Phèdre*, celle de *Lafontaine* qui en sera l'imitation.

Répondront : Antoine Giboulet, de Mende. Réné Duparc, de Mende. François-Charles Comte, de St-Énimie. Alexandre Fabre, de Mende.

1ʳᵉ Section

Phrases, période, proposition... Concordance de l'adjectif avec le substantif... Du verbe avec le sujet de la proposition... Du relatif avec l'antécédant... Modes du verbe avec lesquels les conjonctions se construisent... Fonction du nominatif... Du vocatif, de l'accusatif... Ablatif absolu... Ablatif après le comparatif... Propriétés des verbes impersonnels... Figures de syntaxe :

Ellipse... Syllepse... Pléonasme... Hyperbate... Utilité de la connaissance des figures de syntaxe...

Auteurs à expliquer : *Quinte-Curce, Virgile.*

Répondront : Jean-Jacques FAYET, de Mende. Augustin FOLCHER, de Florac.

MATHÉMATIQUES. PROFESSEUR : GUYOT

Les *Mathématiques* embrassent tout ce qui existe dans la nature, tout ce que l'on comprend sous le nom de *quantités* ou *grandeurs*. Si ces quantités sont exprimées par des *nombres*, elles sont du ressort de l'*Arithmétique* et de l'*Algèbre* ; si on considère leur *étendue*, elles appartiennent à la *Géométrie*.

On exposera la manière ingénieuse par laquelle, au moyen de dix caractères, on est parvenu à représenter tous les nombres possibles, *entiers* ou *fractionnaires*, et à faire sur eux les quatre opérations connues de tout le monde. — L'application de ce système aux fractions *décimales* donnera lieu de faire connaître les nouveaux poids et mesures, et les avantages qui doivent résulter de leur uniformité comme de la facilité avec laquelle on les calcule. — On expliquera la théorie des *raisons, proportions* et *progressions*, leur application aux *règles de trois*, de *société*, d'*alliage*, de *fausse position*, d'*intérêt*, d'escompte, etc. et sur-tout aux *logarithmes*, l'une des inventions les plus belles et les plus utiles dont l'esprit humain puisse s'enorgueillir.

L'*Algèbre* considère les nombres indépendamment de leur valeur, et de la manière la plus abstraite. —

Les élèves feront connaître les règles du calcul algébrique, la formation des *puissances*, l'extraction de racines, et la théorie des *équations* de 1er et 2e dégrés qu'ils appliqueront à la solution de quelques problèmes intéressants.

La *Géométrie* est la science de la mesure ou de l'étendue. Tout ce qui est étendu a nécessairement trois dimensions, *longueur*, *largeur* et *profondeur*; mais il arrive très souvent qu'on n'en considère qu'une seule ou deux à la fois; de là trois espèces d'étendue, la *ligne*, la *surface* et le *solide*. — On démontrera les propriétés du *cercle*, des *perpendiculaires* et *parallèles*, des *angles*, des *polygones*, et on en déduira la méthode de mesurer les distances accessibles ou inaccessibles et de lever les plans. — On développera les principes au moyen desquels on peut évaluer une surface ou solide quelconque et trouver leurs rapports, et ceux qui servent à résoudre un triangle par les *sinus, cosinus, tangentes, cotangentes, sécantes et cosécantes*.

Répondront sur l'Arithmétique : FOLCHER, de Florac. LAURANS, de Villefort. COMTE, de Sainte-Énimie. — *Sur toutes les parties :* DANGLES, de Mende. GUERIN, de Mende. ROZIÈRE-BRESEUIL, du Malzieu. MOLINES, du Pont-de-Montvert.

PHYSIQUE ET CHIMIE. PROFESSEUR : BARBUT

Le manque de machines et des matières pour les démonstrations n'ayant pas permis au Professeur de Physique de faire un cours de *Physique et Chimie expérimentales*, il a donné en place un *Traité des Arts et Métiers.*

Comme les manufactures de laine sont celles qui ont fait le plus de progrès et que d'ailleurs le Département de la Lozère tire la majeure partie de sa subsistance de ses fabriques de laine, il s'est spécialement occupé de ce genre d'industrie : en conséquence les élèves de ce cours donneront d'abord quelques notions préliminaires sur les différentes laines connues en Europe, ils indiqueront la manière dont on fait la tonte, dont on la trie et dont on la lave avant de l'expédier ; ils assigneront, en même temps, les usages auxquels on destine les différentes qualités, ils s'occuperont ensuite des opérations et des préparations qu'on fait subir aux laines, comme peignage, cardage, filature, retordage. Chacun de ces articles développera non seulement les procédés et leurs variétés suivant la nature ou la destination des matières, mais encore les outils, les ustenciles nécessaires pour opérer, et les nouvelles inventions dans chaque partie. — L'emploi des matières déjà préparées et leur conversion en étoffes, de quelque genre que ce puisse être, forme un traité particulier divisé en deux parties principales ; la première renfermant les étoffes drapées de toutes les sortes ; la seconde les étoffes rases et sèches de la même matière. Cette division généralement reçue est connue sous la dénomination de *grosse* et de *petite draperie.* Enfin ils termineront par des notions claires et succinctes sur les apprêts particuliers à chacune, ayant soin d'insister principalement sur les apprêts français et anglais qu'on applique aux étoffes rases et sèches, et sur la nécessité qui résulterait pour notre pays qu'on les mit en œuvre dans notre fabrique.

Le temps n'ayant pas été suffisant pour donner à cette partie tous les développemens qu'elle exige, le Professeur de Physique se propose de commencer par là à la prochaine rentrée.

Répondront : Pierre MALAVIELLE, Privat MALA-VIELLE, de St-Amans.

HISTOIRE. Professeur : J. A. LHERMET

L'étude de l'*Histoire* est inséparable de celle de la *Chronologie* et de la *Géographie* : c'est de la réunion de ces trois articles, qui ont fait l'objet de l'enseignement du cours de cette année scolaire, que résulte ou se compose le vrai savoir historique. Les matières qu'elles fourniront à traiter à l'Exercice littéraire, seront divisés en trois sections.

Dans la 1re, *l'Histoire,* on ne considèrera : 1° que les notions préliminaires à l'étude de l'Histoire, c'est-à-dire sa définition, ses différentes espèces et ses principales divisions ; 2° la vraie méthode de son étude, les vérités fondamentales qui doivent en être l'objet, l'utilité et les avantages généraux qui en résultent, les connaissances qui lui sont essentielles et les personnes qui doivent généralement ou spécialement s'y livrer ; 3° la manière d'établir la certitude des faits que l'Histoire raconte et les sources où on les peut puiser ; 4° les qualités du récit historique et le style qui lui convient ; 5° la nature et les différentes espèces de Gouvernemens, les caractères des bons et des mauvais, le genre d'intérêt et d'avantage qui résulte de l'Histoire des monarchies et des républiques, les maximes générales que la politique moderne peut puiser dans les annales de l'antiquité, le rapport des révolutions anciennes avec celle dont les Français viennent d'illustrer les fastes du genre humain.

Dans la 2ᵉ, *Chronologie*, on exposera les principales unités de mesures qui entrent dans la supputation des temps, ce qu'on entend par date, époque, olympiades, lustres, etc., celles sur-tout dont il convient de se servir, comme les plus sûres pour compter les années, soit en avançant dans l'avenir, soit en reculant dans le passé, l'origine primitive des annales des Peuples, les opinions des anciens sur les premiers âges du monde, les principaux systèmes de Chronologie.

Dans la 3ᵉ, *Géographie,* on fera connaitre : 1°, les avantages et l'utilité de la Géographie, sa définition et ses principales divisions ; la sphère, les cercles qui la composent, les diverses positions dont elle est susceptible ; les principaux systèmes du monde, le double mouvement de la terre et les phénomènes qu'il produit ; 2° les divisions mathématiques et physiques imaginées sur la surface du globe terrestre, et les termes particuliers à la Géographie ; 3° l'usage du Globe artificiel pour résoudre plusieurs problèmes de cosmographie très intéressans, tels que les suivans : *trouver la longueur du jour et de la nuit pour un jour et un lieu donnés? quelle heure est-il à une ville quelconque,* par exemple *au Caire ou à Pékin, quand il est midi à Mende ou à tout autre endroit? quels sont les Periœciens, les Antœciens et*

les *Antipodes d'un lieu ?* etc ; 4° la description générale des quatre parties du Monde, l'Europe, l'Asie,
l'Afrique et l'Amérique ; celle de l'Europe en particulier, sa division politique en 15 états, savoir : les Iles
Britanniques, le Danemarck, la Suède, la Russie Eu-
ropéenne, les Républiques Française, Batave, Helvé-
tique, l'Allemagne, la Prusse, la Bohème, la Hongrie,
le Portugal, l'Espagne, l'Italie et la Turquie d'Europe,
dont on donnera séparément une analyse historique
et géographique très intéressante. On joindra à cette
description, celle de la Turquie d'Asie et de l'Egypte,
contrée d'Afrique où repose une antique célébrité et
où brille en ce moment un nouvel espoir de retour à
sa gloire et à ses prospérités passées.

Répondront : Jean-Jacques FAYET, de Mende ;
Augustin FOLCHER, de Florac.

BELLES LETTRES. PROFESSEUR : CHAS.

Les élèves répondront sur la définition de la *Rhétorique*, son objet et le but de l'orateur ; sur les trois
genres d'oraison ; sur les quatre parties de l'art oratoire, savoir : l'*Invention*, la *Disposition*, l'*Élocution*
et la *Prononciation*.

Dans la 1re partie, ils indiqueront les sources où
l'orateur peut puiser les raisons dont il a besoin.

Dans la 2e ils parleront 1° de l'*Exorde*, de ses qualités et de ses espèces ; 2° de la *Narration*, de ses
qualités et de la différence qui se trouve entre les Nar-

rations historique, poëtique et oratoire ; 2° de la *Confirmation* et de la *Réfutation* ; 3° de la *Péroraison*.

Dans la 3°, ils exposeront les avantages de l'Élocution sur les autres parties de l'éloquence pour gagner l'esprit et le cœur, et les principaux moyens d'y parvenir ; ces moyens sont la pureté du langage, le nombre et l'harmonie des périodes, le choix heureux des styles, et l'usage judicieux des figures.

Ils donneront la définition des figures en général et des figures en particulier, telles que l'*Antithèse*, l'*Apostrophe*, la *Description*, l'*Interrogation*, l'*Imprécation*, la *Prosopopée*, la *Métonimie*, la *Métaphore*, etc.; ils les accompagneront d'un exemple particulier, afin de les faire mieux connaître aux auditeurs.

Dans la 4° enfin, ils donneront quelques préceptes généraux sur l'art de la prononciation.

Répondront : Laurans, de Villefort ; Molines, du Pont-de-Montvert ; Albaric, du Pont-de-Montvert.

LÉGISLATION. Professeur : Vimont.

Ce cours termine celui des études aux Écoles centrales. Il dispose ceux qui l'ont suivi à jouir dans la société de la considération du mérite, et à remplir avec distinction les emplois publics auxquels notre Constitution appelle indistinctement tous les Citoyens.

L'exposition des principes de la morale politique, puisés dans le sentiment de la justice éternelle et universelle, qu'on appelle *Droit naturel et Droit des gens*, principes qui nous amènent à la connaissance, dégagée de toute erreur, des droits et des devoirs de l'homme en société, à celle du meilleur régime d'un Peuple, de la source de l'autorité publique qui est la véritable souveraineté, de la nature des pouvoirs qui en dérivent, du danger d'en confondre l'exercice dans les mêmes fonctionnaires : la définition du Droit public et du Droit civil, de la Loi quant à son essence et son empire et la distinction de ses objets ; l'application de la Constitution Française et des Lois principales de notre Droit particulier, savoir : sur l'Etat civil des Citoyens et le mode de le constater ; sur les Successions ; sur le Régime hypothécaire, la Contrainte par corps, la forme de procéder devant nos Tribunaux. Tels ont été les sujets d'enseignement de cette année classique et sur lesquels

Répondront : AULANIER, de Grand-Rieu ; PARADAN, de Ste-Enimie ; LIMOUSIN, de Saugues ; CHAPTAL, de Bédoues ; DAUDÉ, de St-Germain-de-Calberte.

XII

DISCOURS PRONONCÉS PAR DES ÉLÈVES AU PRÉFET ET A L'ÉVÊQUE, A L'OCCASION DU PREMIER DE L'AN (1814).

Le premier jour de l'an, les élèves du collège de Mende ont été admis à présenter leurs hommages respectueux à M. le Préfet et à M. l'évêque. Voici leurs discours : le premier a été prononcé par M.

Frédéric *Paradan*, élève de philosophie, et le second par M. Louis *Jacques*, élève de rhétorique.

Monsieur le Préfet,

Tel est le sort de ceux qu'on charge de faire un éloge, ou d'être l'organe des félicitations que l'usage consacre en ce jour : destinés trop souvent à jeter des voiles sur de véritables défauts, ou des fleurs sur des vertus quelquefois équivoques, ils demeurent comme muets à la vue de ces mérites rares qui n'attendent rien de l'art et sont à eux-mêmes leurs propres panégyristes.

Quel éloge, en effet, pourrait autant célébrer notre premier Magistrat que le seul éclat de sa réputation, de ses talens et de ses vertus ? Quelle louange plus agréable et moins suspecte à ses yeux que celle qui s'élève du fond des cœurs et, sans préparation et sans art, sort librement de la bouche de la renommée ?

Avant l'heureux moment où le choix éclairé du Prince vous désigna pour Préfet de ce Département, incertains de leur sort à venir, nos parens se demandaient les uns aux autres : Quel sera celui que le Monarque élèvera à cette éminente dignité ? Nous les entendions ensuite s'entretenir des qualités étonnantes qui devaient se réunir en sa personne.

Un esprit, disaient-ils, égal aux plus grands objets et proportionné aux plus simples ; le talent d'une douce persuasion, dont l'aimable et utile violence enchaîne tous les suffrages ; une grandeur d'ame ne connaissant rien au-dessus d'elle que la raison et la loi ; une fermeté de courage contre laquelle viennent se briser tous les caprices de la fortune ; un cœur généreux, qui ne se propose d'autre récompense que la vertu même, ne désire que le bien public, le désire toujours et, par une sainte ambition, brûle de rendre à la patrie beaucoup plus qu'il n'a reçu d'elle ; représentant et ministre du pouvoir suprême ; médiateur placé entre le Prince et les Peuples, c'est à lui de concilier leurs intérêts, moins souvent opposés que mal entendus ; il est le canal par lequel la protection de la puissance descend du Prince à ses sujets, et par lequel le respect pour les lois remonte du sujet au Prince.

Nos parens, parlant ainsi, ne savaient pas que leurs vœux étaient exaucés, et qu'avant de vous posséder, ils avaient tracé votre portrait fidèle. Que dis-je ? Ce tableau, qui leur semblait achevé, ne leur a paru qu'un essai bien imparfait, quand ils ont contemplé de plus près celui qu'ils voulaient peindre.

Également digne et du Monarque qui l'a choisi et des peuples qu'il gouverne, il est rempli de cette sagesse qui, suivant l'expression d'un ancien, domine la force, unit l'expérience des siècles passés à la science du tems présent, observe les momens, saisit les occasions, profite des conjonctures, ne les prévient pas, ne les laisse pas échapper, semblable à la sentinelle attentive qu'on place sur un lieu éminent pour connaître tout, pour veiller à tout.

Sans rien relâcher de l'autorité des lois et de la rigueur momentanée de son ministère, on ne l'a point vu affecter cette inflexible austérité dont le seul fruit est d'irriter et non de corriger, d'imprimer la crainte sans inspirer l'amour du devoir ; il imite la perfection qu'un sage désirait dans la loi même ; il gagne les cœurs sans employer par-tout la terreur des menaces ou l'odieux appareil des peines.

Tout respire autour de lui l'innocence des mœurs, la pureté des sentimens, l'humanité compatissante, le zèle ardent du bien public.

Vivez donc, ô Préfet bien-aimé ! vivez heureux et longtemps chef d'une région dont vous ferez les délices.

Qu'il vive aussi toujours grand, toujours invincible, toujours couronné, l'auguste Monarque qui vous donna à la Lozère !

Qu'une nouvelle fortune se lève sur notre France avec la nouvelle année !

Que les revers d'un aveugle hasard ne trompent plus le courage du génie !

Que nos aigles reprennent leur vol glorieux, et qu'une paix immuable cimente à jamais le bonheur de la France et la félicité du monde !

A M. l'Évêque de Mende

Vénérable Pasteur, dont la houlette tendre
Réunit en ce jour un innocent troupeau,
Que pouvez-vous attendre
D'un essai timide et nouveau
Dans l'art divin de l'harmonie ?
Nous ne savons enfler qu'un frêle chalumeau.
Que d'autres, inspirés par un heureux génie,
Unissant leurs efforts divers,
Pour chanter vos vertus tourmentent une phrase ;
Pour nous, sans art et sans emphase,

Nous vous dirons ce que sent notre cœur.
Vivez, ô bien-aimé Pasteur !
Que le Ciel bienfaisant comble vos destinées !
Qu'il bénisse et vos jours et vos longues années !
Vivez, et pour l'Eglise et pour notre bonheur !
Vivons aussi pour notre bon Pasteur.
Nous connaissons sa voix : elle est douce à l'oreille,
Elle est plus douce au cœur ;
Avec un tendre soin, sur nous sans cesse il veille ;
Suivons-le tous ; il marche à la félicité,
A l'immortalité.

XIV

PROJET DE TRANSFORMER LE COLLÈGE EN PETIT SÉMINAIRE (1814)

1° *Mémoire de l'abbé Fayet, principal.*

On parle de convertir le pensionnat du collége en petit séminaire.

1° Ce changement offre l'avantage d'exempter de la rétribution universitaire les jeunes gens qui se destinent à l'état ecclésiastique ; et, comme cette classe est nombreuse dans le collège, une pareille innovation améliorerait le sort d'une multitude de familles pauvres.

2° Si on établit ailleurs le petit séminaire, on s'expose à voir déserter un grand nombre d'écoliers qui iront continuer leurs études là où le petit séminaire sera établi.

Ce double motif est appuyé, dit-on, par la facilité d'opérer cette innovation. Il n'y a qu'à changer le nom de pensionnat et même de collège en celui de petit séminaire, les choses restant d'ailleurs en l'état où elles sont maintenant.

En leur qualité d'ecclésiastiques, le principal et les professeurs du collège devraient, ce semble, se hâter d'applaudir à un pareil changement, puisqu'il les placerait sous la direction immédiate de leur évêque et qu'il les soustrairait à la domination de l'Université. Mais, en premier lieu, ce changement est impossible; en second lieu, devenu possible, il est funeste à l'établissement.

En effet, le décret nouvellement rendu en faveur des petits séminaires distingue ces maisons des lycées et des collèges ; il en forme une classe d'établissement à part, qui ont un régime, un costume, des professeurs et des supérieurs particuliers. Ce décret autorise les seuls aspirans à l'état ecclésiastique à les fréquenter ; il fait un devoir aux autres élèves laïques de se rendre aux collèges comme auparavant et donne même aux jeunes séminaristes la faculté d'en suivre les cours.

Donc, il parait qu'un collège ne peut être à la fois collège et petit séminaire, qu'il faut qu'il soit l'un ou l'autre. Donc, en supposant que notre collège devienne petit séminaire, l'Université pourra en fermer l'entrée à tout ce qui n'est pas appelé à l'état ecclésiastique : elle guerroyera du moins, elle multipliera les obstacles ; et, loin de nous affranchir de son régime, cette

permutation lui donnera des armes pour nous tour-
menter sans cesse.

Mais supposons que l'Université tolère en silence
un arrangement qui l'attaque à l'endroit le plus sensible, dans ses finances ; supposons que nous sommes
petit séminaire. Nous voilà donc rentrés sous la dépendance du grand séminaire. Le supérieur de cette
maison est nécessairement chef de la nôtre. On a beau
dire que tout restera *in statu quo*. Oui, tant qu'il
plaira au supérieur de la maison-mère. Mais s'il veut
changer, déplacer, innover, qui l'en empêchera ? Sera-ce le bureau d'administration du collège ? Mais il
n'y en aura plus de légalement reconnu. Sera-ce l'Université ? Mais son influence aura péri. Or M. le Préfet a reconnu qu'il était nécessaire au bien du collège
de le rendre indépendant du séminaire, surtout pour
ce qui concerne le pensionnat. L'arrangement proposé
devient donc une barrière insurmontable à son indépendance. Que par une nouvelle division des diocè-
ses par exemple, le séminaire de Viviers soit rétabli :
les jeunes ecclésiastiques de l'Ardèche laissant un
vuide dans le séminaire de Mende, qui s'opposera à
ce que M. le supérieur n'incorpore le pensionnat du
collège avec son pensionnat et ne forme qu'un établissement de ces deux établissemens ?

Je sais que plusieurs personnes ne voient pas de
grands inconvéniens dans ce mélange. Ils sont graves
cependant et, pour être sentis, n'ont besoin que d'être
exposés. Croirait-on que le pensionnat du collège demeurant annexé au séminaire lui cause une perte de
près de 800 fr., sans que cette perte soit balancée par
aucun avantage ? Rien de plus facile à démontrer.

1° Sur le traitement des professeurs on prend 300 fr. pour les maîtres d'étude du pensionnat ; cy.   300 fr.

2° Pour les réparations du pensionnat, 300 fr.; cy...................................   300 fr.

3° Pour le domestique du pensionnat faisant fonction de portier...................   150 fr.

4° Revenus présumés du jardin du collège, appartenant au pensionnat................   80 fr.

5° Revenus divers en afferme de bâtimens au profit du pensionnat...................   70 fr.

Total.......... 900 fr.

Maintenant, qu'on daigne peser que tous les bénéfices que laisse ce pensionnat sont perçus par le séminaire et l'on avouera qu'un pareil ordre de choses choque ce vieil adage si plein de vérité : *qui sentit commodum debet sentire incommodum.* Le rétablissement de l'équilibre tient par conséquent à ce que, l'an prochain, le pensionnat soit réuni au collège. Il exige donc impérieusement que l'on n'opère aucune innovation capable de rendre cette réunion impraticable.

Et d'ailleurs n'est-il pas un moyen bien simple d'exempter les aspirans au culte des autels de la rétribution universitaire, sans bouleverser l'organisation actuelle ? Le décret nouvellement rendu les dispense du payement s'ils sont réunis en petits séminaires. Mais l'esprit de la loi n'est pas d'accorder le privilège de l'exemption à leur qualité d'habitants dans une maison, mais à leur qualité de jeunes aspirans au sacerdoce. Qui empêche donc que, prenant en considération l'impossibilité d'ériger un petit séminaire à cause du manque de fonds, on ne statue qu'en attendant tous les jeunes gens qui se destinent à l'état ecclésiastique fréquenteront le collège, soit comme internes, soit comme externes, et commenceront à jouir du bénéfice du décret? De cette manière on atteint le but qu'on se propose, on n'innove pas, on ne détruit pas ce qu'on vient de créer ; d'autant mieux que l'établissement est dans un brillant état de prospérité. On peut le dire sans amour-propre, jamais il n'a offert un coup d'œil aussi satisfaisant. Or, pourquoy ne pas le laisser respirer un moment après tant de secousses?

FAYET, principal.

2° *Mémoire de l'évêque*

1° Si les élèves ecclésiastiques peuvent fréquenter le collège sans payer les droits universitaires, pourquoi les élèves séculiers ne pourraient-ils pas suivre les classes du petit séminaire, en payant ces mêmes droits ? L'Université tolère tout quand elle n'a rien à perdre.

2° M. le principal ne trouve plus de frein à l'autorité du supérieur du grand séminaire, lorsque celui-ci voudra « changer, déplacer, innover ». Il ne voit donc pas que M. l'évêque le surveillera de plus prés que l'Université qui ignore tout, et que le Bureau qui ne voit pas tout.

3° M. le principal imagine que le supérieur du séminaire sera « nécessairement » le chef du collège. C'est une chose très peu nécessaire, puisqu'elle dépend absolument de M. l'évêque qui peut vouloir tout le contraire.

4° M. le principal croit encore que l'indépendance du chef du collège est de toute nécessité; il le croit, mais il ne scauroit le prouver.

5° M. le principal se lamente sur ce que le pensionnat du collège demeurant annexé au séminaire cause une perte de 900 fr., provenant des gages du portier, du traitement des maitres d'étude, de l'entretien des bâtiments, etc. Cette perte devient nulle si les deux établissemens n'en font qu'un seul, parce qu'alors les pertes ainsi que les profits deviennent communs à l'un et à l'autre. Il est surprenant que cette réflexion ait échappé à sa sagacité.

6° M. le principal voit avec peine que les bénéfices que laisse le pensionnat sont perçus par le séminaire. On soutient que ces bénéfices sont nuls. Quels bénéfices peuvent laisser 34 pensionnaires, à qui on donne une livre de viande et trois souppes par jour, pour **12** sols 3 deniers, prix de la pension journalière? Ce n'est pas le lucre qui a décidé M. l'évêque à permettre que le pensionnat fût uni au séminaire, c'est le désir de procurer à la jeunesse un azyle où ses mœurs et sa religion fussent en sureté. Sans cette vue il déchargerait le séminaire de ce pénible fardeau. Avec les 900 francs M. Delianne s'est ruiné en tenant le pensionnat et M. Meffre ne s'est pas enrichi. M. Fayet serait-il plus heureux ?

7° Si le collège subsiste tel qu'il est tout à l'heure, l'Université fournira toute seule de professeurs. Et quels professeurs ! Quelle sera la confiance du peuple envers ces hommes étrangers à nos mœurs et peut-être à nos principes ?

8° M. l'évêque, peu touché de l'attention de M. le principal à luy proposer des moyens d'affranchir les élèves ecclésiastiques du tribut universitaire persiste à vouloir établir un petit séminaire. Si ce n'est pas à Mende, ce sera ailleurs. Que deviendra donc le collège de Mende, « si brillant aujourd'hui ? » Il perdra, avec la moitié de son lustre, la moitié de ses finances. Cette perte, à coup sûr, sera pire que celle des 900 fr. qui provoquent les doléances de M. le principal.

ARCH. DÉPART. série T.

XV

Prospectus du collège de Mende,
pour l'année 1816

Le Collège de Mende s'ouvrira le 15 du courant. Les professeurs, presque tous ecclésiastiques, mettront dans leur enseignement ce zèle, cette expérience, ces talens qui commandent la confiance et garantissent les progrès. Ils s'efforceront de marcher sur les traces des anciens disciples des *Rollin* et des *Lebeau*. Nous ne craignons plus de le dire, quelque système qu'on ait créé sur l'instruction de la jeunesse, aucun n'a encore fait oublier les méthodes amies de l'enfance du vertueux *Rollin*, c'est-à-dire du Quintilien français.

Tout ce qui a rapport à l'enseignement et aux devoirs de la religion sera le premier et le plus cher objet de la sollicitude des maîtres.

Les premiers élémens des langues française et latine, toutes les classes intermédiaires jusqu'à la philosophie inclusivement, des leçons de mathématiques, de géographie et d'histoire ancienne et moderne, viendront immédiatement après et formeront le second objet de leurs soins et de leurs occupations.

Nous tâcherons d'élever chaque classe, de mettre entre les mains des élèves des auteurs plus difficiles, et de nous rapprocher davantage de la force des anciennes études. On se trompe, si l'on pense qu'un établissement d'instruction peut être florissant dès sa naissance : il faut qu'il s'y établisse des idées saines sur la nécessité d'étudier : il faut qu'on y ait fait naître cet esprit d'émulation et d'amour du travail qui, se composant de l'opinion des maîtres et même de celle des élèves, est le gage le plus assuré des progrès et des succès. Or, c'est le repos qui prépare ces avantages : nous en jouissons aujourd'hui, de ce doux loisir que désirent les Muses, grâce à Louis-le-Désiré, remonté sur un trône où il a donné, avec le spectacle de toutes les qualités d'un bon Roi, l'exemple de toutes les vertus d'un chrétien.

Le Collége se compose d'élèves externes et de pensionnaires.

Les premiers paient, d'avance et par trimestre, au au Receveur du Collège, 15 fr. pour le traitement des professeurs, les réparations d'entretien du Collège, les gages du portier et la distribution des prix, outre les droits universitaires, qui ne sont pas encore supprimés.

Les pensionnaires, placés sous la surveillance immédiate du Principal et de deux maîtres d'étude, se divisent en deux classes, connues sous le nom de *toute pension* et de *demi pension*.

La pension entière est fixée :

1° A 37 fr. par mois, pour la table ;

2° A 6 fr., aussi par mois, pour frais de lumière et de chauffage des dortoirs et de la salle d'étude ;

3° A 5 fr. par mois, pour les droits de la classe.

Le prix de la demi-pension est de 22 fr. par mois, pour la table, outre la rétribution des professeurs.

La pension entière et la demi-pension, ainsi que les droits universitaires, doivent être payées par trimestre et d'avance. Tous les pensionnaires se fournissent leurs lits, leur couvert et le linge de table : le blanchissage de leur linge se fait encore à leurs dépens.

Les élèves *internes* ne sont jamais seuls : les maîtres d'études les surveillent le jour et la nuit.

Mende, le 3 octobre 1815.

MAZEL, *Diacre et Principal.*